AF229628

DU
SCEPTICISME UNIVERSEL
AU
CATHOLICISME

PREMIER VOLUME

DU SCEPTICISME UNIVERSEL AU SPIRITUALISME

> « La philosophie de l'avenir, quelle qu'elle soit, ne sortira ni d'Alexandrie, ni de Berlin ; elle sortira du christianisme. »
>
> SCHELLING, XIe leçon, Berlin.
>
> « Ceux qui joignent à la soumission à la foi chrétienne l'étude de la philosophie, ceux-là philosophent le mieux. »
>
> Encycl. *Æterni Patris.*

PAR

PIERRE L'AUVERGNAT

SUEUR-CHARRUEY

IMPRIMEUR-LIBRAIRE-ÉDITEUR

1899

DU

SCEPTICISME UNIVERSEL

AU

CATHOLICISME

———

INTRODUCTION

Pour tout esprit non prévenu qui a quelque *idée* de la vérité et qui n'est pas tout-à-fait obstiné dans *l'erreur*, le premier obstacle qui se dresse devant nous sur la route de la vérité, c'est le *doute*, cet état d'esprit qui fait qu'on suspend son jugement entre la négation et l'affirmation, entre le *oui* et le *non*, parce qu'on ne voit pas de raison pour se déterminer à dire : c'est *vrai*, pas plus que pour se décider à dire : c'est *faux*.

Le doute n'est pas encore l'*opinion*, qui est déjà un commencement d'adhésion, un pas vers la vérité, mais un pas timide, parce qu'on redoute de faire un faux pas et de trop s'avancer en affirmant. Ce n'est pas même le *soupçon*. Celui-ci tient le milieu entre le doute et l'opinion ; il n'est qu'une inclination à juger et non pas un jugement proprement dit.

Mais le doute est l'opposé de la *certitude*, qui est le repos de l'esprit dans la vérité connue, ou, comme la définit M. Charaux, « un état de l'âme, une assiette tranquille de l'intelligence dans l'affirmation. »

Exclure le doute de son esprit : telle est la fin et la constante préoccupation de celui qui cherche sincèrement la vérité. Commençons donc par exclure le doute universel ; car pour marcher il faut s'appuyer sur quelque chose ; or le doute est un terrain trop mouvant pour l'esprit pour pouvoir servir de base à l'édifice de la science ou de la religion : il n'offre aucun point d'appui ; et la science est faite de certitudes comme la foi.

Il importe donc, avant d'établir solidement que le monde, l'homme, les purs esprits, Dieu et son Christ ne s'expliquent et ne peuvent s'expliquer d'une manière satisfaisante que si l'on admet la doctrine catholique, il importe donc, pour la science comme pour la foi, de bien affermir les bases en *réfutant*, dès le début, le *scepticisme universel*, et en établissant *quelques vérités* incontestables et incontestées qui puissent servir de point de départ à la science comme à l'*apologétique*, qui n'est pas autre chose que la défense savante de la religion par les preuves qui l'appuient, d'après Hettinger. Sans cela nous ne pouvons avancer d'un pas.

C'est ce que Schwalm et Fonsegrive (1) ont fait observer naguère.

« Il faut, a dit Schwalm en 1897, faire précéder l'apologétique de la vraie religion, d'une apologétique de la raison pure, et restaurer de base en base les preuves métaphysiques de l'existence de Dieu. » Ces bases sont aussi celles de la science. Pour Fonsegrive: « Après le kantisme, la philosophie tout entière et dès lors l'apologétique doivent revêtir une coloration différente et comme changer d'accent. La valeur objective des principes admise jadis d'emblée dès qu'ils se présentaient à l'esprit, a besoin maintenant, non pas certes d'être prouvée, mais d'être éprouvée au contact de notre être même analysé par la réflexion. » Arrêtons-nous donc un instant au scepticisme universel.

Puis, par des étapes successives, nous conduirons avec toute la franchise et la courtoisie désirables, tous les sceptiques de bonne foi, à quelque religion, à quelque parti qu'ils appartiennent, vers les sommets lumineux du catholicisme, que nous montrerons comme le port assuré contre l'océan orageux du doute universel et le seul remède au mal qui ronge la société présente et la met à deux doigts de sa perte.

Notre première étape va du SCEPTICISME UNIVERSEL AU SPIRITUALISME ; une seconde mènera du SPIRITUALISME AU SURNATUREL ; la troisième et dernière nous conduira enfin AU VRAI ET COMPLET CHRISTIANISME qui n'est autre, hâtons-nous de le dire dès ce moment, que l'Eglise catholique avec sa doctrine, sa morale et son culte.

C'est ce que nous espérons faire toucher du doigt à tous ceux qui ne s'obstineront pas à fermer les yeux pour ne point voir ou de peur de voir ; à tous ceux qui, passionnés pour la vérité et inquiets de ne trouver nulle part une solution certaine à tous les grands problèmes qui intéressent l'humanité, voudront se mettre résolument en marche, à notre suite, à la recherche de la vérité sur le terrain du doute lui-même.

Mais fuyons d'abord le scepticisme et les abords de cet abîme insondable et empesté. Puis nous parlerons du monde inanimé, de la vie, de l'animal, du corps humain : ce sont autant d'échelons.

(1) *Revue Thomiste*, mars, page 93; *Quinzaine*, page 129.

PREMIÈRE ÉTAPE

Du scepticisme universel au spiritualisme

PREMIÈRE QUESTION : LE SCEPTICISME UNIVERSEL

*Qu'est-ce que le scepticisme universel ? Existe-t-il à not   époque ?
Que peut-on lui opposer ? N'y a-t-il pas de milieu entre le scepticisme
universel et le catholicisme ? Peut-on enfin douter de tout et rester
encore raisonnable, honnête et catholique ?*

Ce sont là autant de problèmes dont la solution s'impose quand
on parle du scepticisme universel. Répondons brièvement sur chacun d'eux. Alors nos lecteurs pourront faire leur choix en connaissance de cause. Ou plutôt, ils nous suivront en foule, parce
qu'ils auront déjà pour le scepticisme universel une légitime et
profonde aversion.

I. — *Qu'est-ce que le scepticisme universel ?*

Le scepticisme est le *doute érigé en système*, c'est-à-dire le doute
qu'on professe sur la certitude et par lequel on prétend expliquer les choses ou les apparentes conditions qu'il y a dans le monde.
Pour lui rien n'est scientifiquement certain. Le *scepticisme universel* est le *doute étendu à toute certitude* : religieuse, philosophique, historique, physique ou morale : car il y a différentes
sortes de certitudes selon les différents moyens dont nous dispo-
sons pour connaître soit les choses surnaturelles, soit les vérités de
raisonnement, soit les vérités historiques, soit les objets moraux
où ceux que perçoivent les sens.

Le scepticisme universel les rejette toutes comme des certitudes
non scientifiques ; mais il admet quelquefois *la certitude vulgaire*,
qui ne se rend pas compte de son motif.

La certitude vulgaire est la ferme adhésion de l'esprit à la vérité
sans crainte d'errer, mais aussi sans réflexion sur le pourquoi de
cette adhésion. Nous verrons plus loin que la science elle-même
est obligée de compter avec elle. Notons seulement ici que cette
concession que nous font des sceptiques universels est plus que
suffisante pour les réfuter et qu'elle nous mènera loin. Grâce à
cette concession nous pouvons nous entendre avec eux : nous aurons
des principes communs admis dans les deux camps, nous n'avons
qu'à en faire l'application légitime contre ce scepticisme universel

mitigé. Mais tous les sceptiques universels n'en sont pas là. A côté du scepticisme universel académique représenté jadis par Cicéron et chez nous, par Bayle, il y a aussi le scepticisme rigide ou absolu qui n'admet pas même des connaissances *probables*, que nous accordent pourtant les sceptiques de l'Académie. Rien ne trouve grâce devant lui. Il y a encore le scepticisme hypothétique de Descartes et de son école qui supposent qu'il faut partir du doute pour arriver à la certitude.

Pour Jouffroy, le doute est le dernier mot de la raison réfléchissant sur elle-même. Pour Descartes au contraire, c'est le point de départ de toute connaissance, comme si le doute pouvait jamais produire la certitude comme résultat. L'un admet sérieusement qu'il n'y a rien de certain ; l'autre a supposé un instant qu'il n'y a rien de certain.

Mais le scepticisme universel est dans les principes de Descartes comme dans ceux de Jouffroy, et l'on n'a pas manqué de l'en tirer à notre époque, quoique Descartes eût fait ses restrictions pour la foi et la morale.

II. — *Existe-t-il à notre époque ?*

Puisque nous en sommes au cartésianisme, toujours en honneur dans les Universités de l'Etat, quoique le kantisme commence à le supplanter, écoutons un écrivain de renom de notre temps sur cette philosophie universitaire : « Le scepticisme est comme le choc en retour de ce dogmatisme intempérant. » Pour vouloir trop exiger de la science, on l'a découragée, rendue sceptique sur elle-même. On lui demandait de connaître à fond les choses pour pouvoir dire qu'elles sont certaines, ce qui suppose qu'il faudrait tout connaître pour être certain de la moindre chose. Elle ne pouvait tomber que dans le scepticisme, puisque d'un autre côté on lui fermait avec soin toute issue vers la religion qui pourtant doit la sauver du doute et de l'erreur : telle est sa mission.

Et ce n'est pas seulement la science qui devient sceptique sur toutes les questions, importantes ou autres ; c'est aussi la masse du peuple, le journal, le roman, la littérature, l'histoire qui doutent. On ne donne aux grands problèmes qui inquiètent à juste titre l'esprit humain d'autre solution que des *qui sait ?* et des *peut-être*.

Le scepticisme universel, il ne faut donc pas se le dissimuler, c'est le roi du jour. De l'école il a passé au foyer domestique pour y tarir toutes les joies, engendrer tous les vices. De la famille il a passé dans les mœurs de la société qu'il menace de bouleverser de fond en comble dans un avenir prochain : il est de bon ton de douter de tout.

On ne parle que de crises provoquées partout par le scepticisme universel, que des ruines qu'il accumule ou dont il nous menace par ses progrès effrayants. Aussi plus d'un penseur envisage l'avenir avec inquiétude et jette des cris d'alarme.

« Tout est mis en question, a dit de son temps M. Lebre, (crise actuelle de la philosophie. — Revue des Deux Mondes 1843), tout devient précaire, tout semble menacé. Pour la première fois le scepticisme répand ses ombres sur toute la surface de la terre, et dans cette obscurité la tristesse, la crainte et l'ennui nous prennent... Une crise pareille travaille le monde entier. »

Depuis, le mal n'a fait qu'empirer. Ce nouveau déluge universel de la pensée et par suite de l'ordre moral et politique qui s'appuient comme sur leur base, sur les principes de l'intelligence qui leur sert de règle, ce nouveau déluge universel du doute monte, monte sans cesse, surtout chez les peuples européens, et plus particulièrement en France, en Allemagne et en Angleterre. Et si l'on ne s'empresse de lui opposer immédiatement une digue infranchissable, le monde est à la veille des plus épouvantables catastrophes, de l'aveu des esprits les moins pessimistes et les plus sérieux.

III. — *Quelle barrière peut-on lui opposer ?*

Oh ! ce ne sera pas assurément la science séparée de la foi. Elle a trop longtemps, à l'école de Descartes et de Kant, érigé le doute en système et répété que pour savoir raisonner il faut savoir douter ! Elle a trop souvent murmuré à nos oreilles, depuis quelque temps, quoique timidement, les mots de banqueroute de la science par la bouche des maîtres les plus autorisés du savoir humain ! M. Brunetière n'a-t-il pas déclaré en effet que la science est en faillite, parce qu'elle n'a tenu aucune de ces promesses si belles qui bercèrent la jeunesse confiante et naïve ?

M. Milhaud enchérissait encore, tout récemment, sur cette révélation, en déclarant que les mathématiques elles-mêmes ne réalisent pas le pur concept de la science.

Admettons avec Mgr d'Hulst que le terme de *banqueroute scientifique* ne se concilie pas assez avec les droits de la raison et de la science, qui peuvent connaître avec certitude quelques vérités : l'Eglise ne leur conteste pas ce pouvoir. Mais l'aveu n'en est pas moins bon à retenir : la science se reconnaît impuissante à vaincre le scepticisme. Et puis la science a-t-elle cette autorité qui s'impose à une jeunesse impétueuse, accoutumée de bonne heure à éviter l'effort et par conséquent trop peu portée aux pénibles recherches pour renoncer à ce *mol oreiller du doute* dont parle Montaigne ? Non, « ce ne sera pas un logicien qui terminera ces vastes incertitudes », dirons nous avec M. Lebre. Les esprits sont lassés de raisonner sans succès.

Tous sentent le besoin de *la vérité* et en même temps d'une *autorité* qui l'impose à cette multitude d'hommes trop affairés ou trop timides ou trop ignorants pour se faire des idées arrêtées sur toutes choses : ils préfèrent les accepter toutes faites de la part de quelque maître autorisé.

Qui donc nous délivrera du scepticisme universel ? Sera-ce le protestantisme ? Mais de l'aveu d'illustres protestants tels que Vinet, M. de Pressensé et même M. Sabatier, le protestantisme est à la veille de disparaître, miné qu'il est par son principe du libre examen des dogmes.

« Il y a encore des protestants, dit Vinet, il n'y a plus de protestantisme. » « Le protestantisme tout entier, selon M. de Pressensé, particulièrement dans nos pays de langue française, se sent depuis quelque temps à la veille d'une crise redoutable. » Il avoue que les traditions historiques sont ébranlées, les croyances protestantes sans appui, et que le doute et le désespoir, malgré le protestantisme, envahissent les âmes.

« La société laïque, a dit M. Sabatier, doyen de la Faculté protestante de Paris, semble incapable de se gouverner elle-même. L'anarchie dans les esprits amène l'anarchie dans la vie sociale et politique, et la ruine des dogmes et des croyances, celle des institutions et des lois. » Le protestantisme se borne à constater le mal. Peut-être même le favorise-t-il.

Du reste, comment pourrait-on démêler la vérité dans cet amas d'opinions opposées que donnent comme le dernier mot de la vérité, les innombrables sectes qui fourmillent au sein du protestantisme ? La vérité n'est pas à la fois le *oui* et le *non*.

Faudra-t-il avoir recours au spiritualisme séparé de la foi ? Ce spiritualisme qui prétend remplacer la foi et semble renaître de ses cendres, de l'aveu de M. Gauja, qui l'a constaté dans le *Temps*, ce spiritualisme qui ouvre aux grandes âmes dégoûtées d'un matérialisme abject les perspectives magnifiques de l'au delà, n'en reste pas moins impuissant à conclure sur la certitude de cet au delà. C'est M. Gauja qui l'avoue en disant que cette doctrine nous laisse toujours en « présence d'une X... Personne ne sait encore à quoi elle est égale. Il serait prématuré d'édifier des doctrines. »

Or pour vaincre le doute il faut des vérités certaines.

Sur quelle terre ferme, sur quels sommets inaccessibles pourrons-nous fuir pour échapper au déluge toujours montant du doute ?

Dans quelle arche de Noé pourrons-nous du moins trouver un refuge, si toutes les barrières restent impuissantes pour garantir la société du scepticisme universel ?

Eh bien, la seule barrière capable de résister au fléau, et la seule arche de salut qui nous reste, les écrivains de tous les partis ne rougissent plus de le dire : c'est l'Eglise catholique et sa doctrine infaillible, c'est, en un mot, le catholicisme. Celui-ci a reçu des promesses d'immortalité ; il est aussi universel dans son étendue

que le scepticisme universel ; il parle avec l'autorité d'un ambassa-
deur de Dieu et enfin sa doctrine ennemie du doute, que la foi ne
tolère jamais, n'a jamais été trouvée en défaut. Que faut-il de plus
pour triompher du doute ?

Aussi je ne m'étonne plus qu'Ernest Naville, un protestant, ait
éprouvé le besoin de croire à l'Eglise comme au Christ parce qu'elle
répond aux besoins de l'âme ballotée par le doute.

Je ne m'étonne pas d'entendre les accents plaintifs mais pleins
d'espérance de M. Laboulaye (Etudes mor. et philos. p.56) :

« Involontairement, dit-il, je pense à Faust et à cette science
qui, en nous enseignant que nous ne pouvons rien savoir, nous ôte
toute croyance, toute joie, tout amour. Las et abattu comme un
homme accablé par un rêve pénible, j'ouvre l'Evangile : il me semble que je sors de l'empire des ombres pour entrer dans le royaume
de la vérité. Après dix-huit siècles, la sagesse du siècle nous ramène aux doutes d'un monde expirant. Après dix-huit siècles, le
Christ nous parle de Dieu, de notre âme, du salut, de la liberté, du
devoir, de la justice, de la vérité, comme s'il venait d'entendre
notre voix émue, comme s'il répondait à un cri de notre cœur trou-
blé. Mettez sans crainte à côté de Spinosa et de Hégel la douce et
sereine figure de Jésus. Où est l'idéal du beau, du vrai, du bien ?
Où est la doctrine qui puisse charmer les plus grands esprits et
consoler les plus petits ? Où trouve-t-on la règle des mœurs pour
l'homme, la règle du devoir et de la justice pour le citoyen ? Où est
la vie ? Où est l'espoir ? Une seule philosophie est debout, dix-huit
siècles, l'ont si peu usée que c'est à peine si l'humanité commence
à la comprendre. C'est la doctrine de celui qui seul a pu dire aux
hommes : « Si vous tenez à ma parole, vous connaîtrez la vérité, et
la vérité vous affranchira. » (Joan., vii, 32).

C'était aussi l'aveu de Maine de Biran, un sceptique : « Le plus
grand bienfait de la religion, écrivait-il dans les *Pensées* (p. 333),
est de nous sauver du doute et de l'incertitude, qui sont le plus
grand tourment de l'esprit humain, le vrai poison de la
vie. »

Jouffroy, un autre sceptique, exprimait la même pensée lorsqu'il
disait dans un passage resté célèbre : « Je ne suis pas de ceux qui
pensent que les sociétés modernes peuvent se passer du christianisme, je ne l'écrirais plus aujourd'hui. Ah ! continuez à bien en-
seigner l'Evangile... Lisez ce petit livre, qui est le catéchisme
vous y trouverez une solution de toutes les questions que j'ai po-
sées, de toutes sans exception. Tout cela sort, tout cela découle
avec clarté et comme de soi-même du christianisme. Voilà ce que
j'appelle une grande religion ; je la reconnais à ce signe qu'elle ne
laisse sans réponse aucune des questions qui intéressent l'humanité. »

Jules Simon pensait de même au sujet du christianisme. Et Renan n'a-t-il pas dit que « quand on est privé de lui tout semble fade et triste » ?

Ce sont là des témoignages peu suspects de cléricalisme.

C'est une confirmation éclatante de ces paroles du grand Bossuet, qui, après avoir passé en revue les erreurs et les incertitudes de la philosophie ou de la raison humaine à travers les siècles, qu'il avait sondés de son regard d'aigle, s'écrie dans un mouvement de cette éloquence sublime dont il a le secret : « Donc, ô sagesse incompréhensible, agité de cette tempête de diverses opinions pleines d'ignorance et d'incertitude, je ne vois de refuge que vous ; vous serez le port assuré où se termineront mes erreurs.

« En effet, il le faut avouer, dans la confusion des choses humaines, l'unique sûreté, mes chers frères, la seule et véritable science est de s'attacher constamment à cette raison dominante. Ah ! quelle consolation a une âme de suivre la raison souveraine avec laquelle on ne peut errer. J'ai cet avantage dans son école, qu'une humble soumission me conduit à l'intelligence plutôt qu'une recherche laborieuse » (Sermon sur la loi de Dieu).

Ainsi, la raison humaine étant trop exposée à l'erreur, surtout dans les questions qui regardent notre nature, notre origine et notre destinée, et d'un autre côté l'autorité humaine étant, selon le mot profond de Tertullien, trop exposée au mépris, il ne reste qu'à prendre *pour précepteur des nations* Jésus-Christ, continué par l'Eglise, Jésus-Christ qui est « *la voie venue à nous*, dit saint Augustin, parce que nous ne pouvions aller à elle ». C'est moralement nécessaire aujourd'hui.

Concluons donc avec un savant et pieux converti du Judaïsme, l'abbé Lémann (Nations frémissantes, p. 164, 170), que l'Eglise est encore et sera toujours la libératrice, mais qu'elle l'est spécialement à notre époque tourmentée par le doute : « Eh bien, dit-il, j'affirme avec une conviction profonde et une confiance que je voudrais voir partagées par tous ceux qui me liront, que c'est elle, la libératrice à notre époque... Les révolutions chez les peuples chrétiens, partant toutes des idées..., l'Eglise les a toujours vaincues par la doctrine, opposant à l'erreur la vérité. »

Puis, parlant des avantages considérables que la société commence à retirer du concile du Vatican et de la définition de l'infaillibilité pontificale en particulier, il cite avec émotion cette parole du cardinal Manning (encore un converti du protestantisme) : « Le monde maintenant peut crouler, nous avons de quoi le reconstruire. »

Il commence en effet à crouler ; mais la reconstruction aussi a commencé. Les peuples viennent en masse à l'Eglise et l'Eglise va aux peuples. M. Sabatier lui-même est obligé de constater que les peuples, comme les savants, commencent à comprendre qu'on les a trompés en leur représentant le catholicisme comme l'ennemi :

« Depuis que l'on a nommé la renaissance de l'idéalisme, dit-il, nous voyons beaucoup de gens se mettre en mouvement et s'approcher de Rome. Des publicistes éminents font leur pèlerinage *ad limina apostolorum* et en reviennent rêvant des projets d'alliance offensive et défensive entre l'Eglise et la société moderne. »

M. Sabatier veut sans doute faire allusion à ces retours retentissants de quelques hommes éminents de notre temps vers le catholicisme et ses pratiques. Les Brunetière, les de Vogüé, les Ollé-Laprune, les Leroy-Beaulieu ne se font pas en effet scrupule de proclamer, qu'il faut que la démocratie, si elle veut vivre, se porte immédiatement vers l'Église qui, seule, a des garanties d'immortalité. Et en cela ils témoignent au peuple un plus sincère attachement que ces sinistres farceurs qui, en lui enlevant toute espérance, le précipitent dans les pires aventures. Ce ne serait pas, du reste, la première fois que l'Église aurait sauvé la civilisation en péril.

Mais ne peut-on pas, sans devenir sceptique sur toutes choses, cesser d'être catholique ou s'arrêter à mi-chemin entre le scepticisme universel et le catholicisme ? C'est ce que nous allons examiner.

IV. — N'y a-t-il pas de milieu entre le scepticisme universel et le catholicisme ?

On ne cesse de nous répéter depuis quelque temps qu'il n'y a rien entre l'Eglise et le scepticisme, que le catholicisme est la seule issue raisonnable qui se présente à celui qui ne veut pas douter de tout. Qu'y a-t-il de vrai dans ces affirmations ?

M. Brunetière nous dit bien qu' « il faut reconnaître que le catholicisme a pour lui la logique » ; mais le naturalisme peut avoir aussi sa logique. Et pourquoi le protestantisme et le matérialisme n'auraient-ils pas la leur ? Il n'en est rien pourtant, de fait, d'après Mallock : « Il n'y a, dit ce dernier, qu'une révélation qui vaille la peine d'être examinée, c'est la révélation chrétienne ; et, au sein de celle-ci, il n'y a qu'un système sérieux et logique, c'est le catholicisme. » Lui seul ne se contredit pas.

Nous aurons souvent l'occasion de le démontrer dans ce traité, lorsque nous prouverons que, pour être vraiment raisonnable et sûre d'elle-même, la raison doit tendre la main à la foi dès les premiers pas qu'elle fait dans la recherche de la vérité ou la fuite de l'erreur, même pour les problèmes que l'esprit se pose sur l'origine du monde matériel, sur celle de l'homme, sur la destinée et la nature humaine, etc.

Et puis, tout se tient dans le catholicisme, à tel point qu'on ne peut rejeter un seul article sans perdre la foi sur tous les autres. Et aussi tout y est conforme à la raison, même les mystères, dont la raison montre la haute convenance morale, tout en prouvant aussi qu'une religion sans mystères ne porterait pas le cachet divin de son origine, le sceau de l'infini.

En est-il de même du protestantisme? Son unité vient de celle de l'Eglise : les protestants ne s'entendent que pour combattre l'Eglise.

Enfin ce qui achève de démontrer que le catholicisme seul est vraiment raisonnable, c'est qu'on ne peut le répudier lui et ses pratiques (nécessaires pour maintenir la foi et laver les souillures qui obscurcissent l'esprit), qu'en répudiant la raison elle-même dans le scepticisme universel, ce tombeau de la science.

« Quelque effort que fasse la raison humaine, a dit Newmann, elle ne trouvera rien entre l'Eglise et le Scepticisme. Renoncez au catholicisme, et vous devenez aussitôt protestants, unitariens, déistes, panthéistes, sceptiques, par un terrible, mais irrésistible entraînement. »

Rien ne peut contenter celui que le catholicisme ne satisfait pas : les Jouffroy, les Maine de Biran le prouvent.

Mais, dira-t-on, quel inconvénient y a-t-il à devenir ou à rester sceptique universel ? Si l'on est obligé de douter de tout dès qu'on a rompu, par le doute, le premier anneau de la chaîne qui rattache au catholicisme, dont tous les articles se tiennent étroitement enchaînés entre eux et avec l'existence de l'homme et du monde extérieur, tout autant qu'avec l'existence de Dieu, pourquoi ne pas dormir mollement sur l'oreiller du doute sans s'occuper davantage de chercher la vérité qui nous fuit ?

Il est très commode en effet de nous en tenir au scepticisme universel pour nous dispenser de chercher à connaître nos devoirs. Ce système offre en outre l'avantage de tenir comme le milieu entre une sotte crédulité et la négation à outrance en n'affirmant ou ne niant rien, en suspendant le jugement de l'esprit sur la certitude des choses visibles ou invisibles ; c'est l'opportunisme de la philosophie. Il garde des apparences scientifiques, même lorsqu'il sape les fondements des sciences qui sont des principes certains ; car ses partisans se font gloire de soutenir un système qui sert de base à la philosophie, comme le prétendent Arcésilas et Descartes, ou qui est « comme le dernier mot de la raison sur elle-même », selon les termes de Jouffroy. Enfin il semble donner une solution définitive à tous les problèmes. Mais alors se pose cette question :

V. — Peut-on enfin douter de tout et rester encore raisonnable honnête et catholique ?

Sous quelque forme qu'il se présente, qu'on l'appelle *absolu* ou *hypothétique* ou *académique*, quelque grand nom que portent ceux qui l'ont patronné à toutes les époques de l'histoire, le scepticisme universel est absurde, immoral et condamné par l'Eglise.

C'était la conviction de Pascal (1) : « Celui qui doute, dit-il, et qui ne cherche pas, est tout ensemble bien malheureux et bien injuste. Que s'il est avec cela tranquille et satisfait, qu'il en fasse profession et enfin qu'il en fasse vanité, et que ce soit de cet état même qu'il fasse le sujet de sa joie et de sa vanité, je n'ai point de termes pour qualifier une si extravagante créature. » On le voit, le célèbre penseur auvergnat n'est pas tendre pour les sceptiques obstinés. Et Pascal a raison. Il est facile de le démontrer.

1° *Le scepticisme universel est absurde.* C'est vrai surtout de celui qu'on appelle le *scepticisme universel absolu*, qui fait profession de douter sérieusement et absolument de tout sans exception.

Il est évident qu'on ne peut pas le réfuter directement par de bonnes raisons qui puissent convaincre ses partisans. Ils n'admettent rien de certain, pas plus dans les raisonnements que dans la perception immédiate de l'évidence ; et comme toute discussion a pour point de départ des principes incontestables pour les deux camps en présence, il serait ridicule autant qu'inutile de discuter avec des adversaires qui nieront toujours la valeur des preuves alléguées contre eux. Il manque un terrain commun d'entente ; on ne saurait dès lors jamais s'entendre avec un sceptique universel qui s'obstine à fermer les yeux à la lumière, ou l'oreille à tous les arguments : il n'y a pas d'aveugle pire que celui qui ne veut point voir, ni de sourd pareil à celui qui ne veut pas entendre.

Et c'est peut-être pour cela que Jouffroy (2) écrivait, il y a quelques années, ces mots qui en imposent à plus d'un esprit superficiel : « Nous croyons le scepticisme à jamais invincible, parce que nous regardons le scepticisme comme le dernier mot de la raison sur elle-même. » Mais à qui la faute si la raison n'a pas de prise sur un sceptique universel ? Au sceptique seul, car il se met en dehors de la raison en n'admettant pas même la base de tout raisonnement qui est la certitude du principe de contradiction ainsi formulé : le oui et le non ne sont pas la même chose. Toute discussion est en effet fondée sur des principes certains, au premier rang desquels il faut placer le principe de contradiction, qui dit que les choses sont ce qu'elles sont et non pas ce qu'elles ne sont pas.

Mais le sceptique universel, pour la même raison, ne peut pas défendre lui-même son système et l'établir solidement sur des bases inébranlables qu'il n'admet pas : on ne peut demander des raisons à celui qui ne se sert d'aucune raison ou preuve certaine. Les arguments d'un sceptique pécheraient tous par la base s'il essayait de discuter ; le doute érigé en principe lui servirait de point de

(1) Pascal. Pensées, ch. 1.
'2) Jouffroy. Nouveaux mélanges, p. 159.

départ, et comme les conclusions d'un raisonnement n'ont d'autre valeur que celle des principes ou prémisses, le doute n'engendrera jamais que le doute en faveur du scepticisme, qui ne sera par conséquent jamais démontré légitime ou certain même par ses partisans.

Leur impuissance à établir solidement leur système par la raison suffirait à elle seule à démontrer que le système n'est pas raisonnable, à plus forte raison si à cette impuissance on joint l'impossibilité d'atteindre les sceptiques universels absolus par n'importe quel raisonnement : en dehors des limites de la raison, il n'y a que la déraison dans les systèmes humains qui se donnent comme scientifiques.

A cette première réfutation du scepticisme universel absolu on peut en joindre une autre : c'est la réfutation des objections qu'il nous fait pour se défendre. Les défenseurs du système le présentent souvent comme le meilleur moyen d'éviter l'erreur par la réserve prudente qu'ils prétendent garder en hésitant à se prononcer. Ils ajoutent que l'homme est si souvent trompé ou trompeur que le doute est recommandé par la prudence la plus vulgaire.

Nous pourrions leur répondre tout d'abord avec Platon : « Ou bien vous *savez* ce que vous dites..., ou bien vous ne le *savez pas*. Si vous le *savez*, donc l'homme peut savoir quelque chose ; si vous ne le *savez pas*, taisez-vous, de peur de passer pour insensés. »

Mais répondons directement à leurs objections. Il n'est pas vrai que le scepticisme universel soit ce qu'il y a de plus éloigné du péril de se tromper. On peut se tromper en hésitant lorsque le doute n'est pas permis : cela a lieu lorsque la vérité s'impose par son évidence et qu'on n'a aucune raison de craindre l'erreur. Et lors même que la vérité ne serait pas évidente, l'homme étant fait pour la vérité, a le devoir de la chercher et de la démêler au milieu des obstacles qui la lui dérobent. Or le scepticisme universel absolu, bien loin de favoriser les élans généreux de l'esprit vers sa fin, le ralentit dans sa marche et lui coupe les ailes par ses désolantes doctrines qui prétextent sans cesse l'inutilité des efforts et qui, à cause de quelques abus accidentels, condamnent tout usage de la raison. Et de plus, ce système proclame une erreur très funeste en obligeant l'esprit à accepter des choses contradictoires comme celles-ci : il faut douter de tout ; il est certain que le scepticisme est le moyen par excellence d'éviter l'erreur.

La seconde objection n'est pas mieux fondée. Il n'est pas vrai qu'il faille tout au plus avoir une confiance douteuse en l'homme, sous prétexte qu'il peut tromper ou se tromper et qu'il est souvent trompé ou trompeur. Sans doute l'homme n'est pas infaillible. Mais s'ensuit-il qu'il soit toujours dans l'erreur ?

Non, si les conditions requises pour connaître la vérité sont observées. Et l'homme est trop avide de savoir pour que sa nature portée par elle-même à la vérité soit portée également à l'erreur par une propension aussi invincible, aussi naturelle : ce serait une contradiction flagrante au sein de la nature humaine. S'il y a des abus, cela vient des empêchements extérieurs, non de la nature de l'esprit humain qui, généralement, va droit à son but. Il serait insensé, celui qui sous prétexte d'éviter de prendre des aliments empoisonnés, s'abstiendrait de toute nourriture. Celui qui en dépit du bon sens et de l'évidence douterait de tout sous prétexte que l'on se trompe quelquefois, ne serait pas plus sensé. L'abus ne doit pas faire condamner l'usage d'une manière absolue.

Enfin le scepticisme absolu peut être confondu par cette dernière raison : c'est sa contradiction manifeste *avec la nature* et avec son *principe* : il faut douter de tout. D'abord il contredit la nature *humaine* dans son désir le plus excellent, celui de savoir avec certitude toutes choses : c'est l'éteignoir de la science et du génie, qu'il désespère et dont il fait le tourment incessant, de l'aveu des sceptiques eux-mêmes.

Nous avons entendu Pascal affirmer que le sceptique qui ne cherche pas la vérité est « bien malheureux ».

Plus loin il ajoute (1) que le scepticisme universel est un état contre nature et que, précisément à cause de cela, l'homme ne deviendra jamais sceptique parfait dans la pratique : « L'homme doutera-t-il de tout ? dit-il... Doutera-t-il s'il doute ? Doutera-t-il s'il est ? On n'en peut venir là ; et je mets en fait qu'il n'y a jamais eu de Pyrrhonien effectif et parfait. La nature soutient la raison impuissante et l'empêche d'extravaguer jusqu'à ce point. »

Il est vrai que Pyrrhon, un des chefs du scepticisme ne se détournait pas pratiquement pour éviter un chariot ou quelque précipice, sous prétexte que leur existence n'était pas certaine. Mais on raconte aussi qu'ayant fait entendre des plaintes à l'occasion des aboiements d'un chien dont le propriétaire lui avait objecté les principes du scepticisme, Pyrrhon fit cette réponse, qui est la condamnation du scepticisme pratique : « Il est difficile de dépouiller entièrement la nature humaine. » Cette nature est plus forte que le scepticisme. « Chassée à coup de fourche, elle revient », dit Horace.

Maine de Byran, un sceptique instruit à l'école de la douleur, avouait que le doute et l'incertitude « sont le plus grand tourment de l'esprit humain, le vrai poison de la vie. »

Santa Rosa a dit aussi : « Douter, c'est souffrir. »

« Je vous dirai qu'en moi je porte un ennemi,
Le Doute !
.....
C'est notre mal à tous. »

Qui parle ainsi ? — Victor Hugo, dans les *Chants du crépuscule.*

« Qui sait ? dit à son tour Alf. de Musset... Hélas ! Combien de malheureux a faits cette seule parole ? »

Terminons la série par ces paroles de Jouffroy (1), encore un sceptique.

« Comment vivre en paix quand on ne sait ni d'où l'on vient, ni où l'on va, ni ce qu'on a à faire ici-bas ; quand tout est énigme, mystère, sujet de doute et d'alarme ! Vivre en paix dans cette ignorance est chose contradictoire et impossible. »

Ce qui rend si malheureux ne peut être que contre nature.

Nous avons ajouté que le scepticisme universel est en contradiction *manifeste avec son principe.* Il est certainement vrai ou faux (il n'y a pas de milieu) qu'on ne peut rien connaître avec certitude. Si ce principe des sceptiques est vrai, il y a donc quelque chose de certain, au moins ce principe. S'il est faux, le système tout entier est certainement faux. De plus, ce principe, n'étant pas un principe évident par lui-même en suppose d'autres plus évidents d'où il dérive par le raisonnement. Les sceptiques se contredisent donc encore s'ils admettent ce principe comme le seul certain, lorsque sa certitude vient d'ailleurs.

Ainsi, en théorie comme en pratique, le scepticisme universel absolu est condamné par la raison ou même par le vulgaire bon sens.

En est-il de même du scepticisme *universel* de Descartes qu'on appelle *hypothétique* et de cette autre forme qu'on nomme le *scepticisme universel académique ou tempéré ?*

Qu'on regarde le scepticisme universel comme la base ou comme le dernier mot de la science et de la raison, les inconvénients sont les mêmes, au moins pour la certitude scientifique ; car dans sa forme la plus mitigée, le scepticisme universel admet la certitude vulgaire, quoiqu'il l'oppose sans raison à la certitude scientifique ou réfléchie.

Dès que tout est douteux, même les premiers principes, ou même que rien ne dépasse la pure probabilité ou que la réflexion peut enlever toute adhésion ferme de l'esprit, il n'y a dès lors rien de certain devant la science ou le bon sens. A ce point de vue toutes les formes du scepticisme universel se valent et on doit les englober dans la même réprobation.

En effet, s'il s'agit du *scepticisme universel hypothétique* de Descartes, on peut dire, quelque bonne intention qu'ait eue son fondateur, qu'il pèche par la base, comme le précédent auquel il aboutit logiquement.

Descartes a beau supposer, pour éviter de tomber dans l'erreur, que rien n'est certain, il n'en pose pas moins, par cette supposition gratuite, un principe gros de conséquences désastreuses.

(1) Mélanges, p. 338, Jouffroy.

Le doute ne peut engendrer que des doutes dans les conclusions; et ce sont les conclusions surtout qui constituent la science. Du reste, dès qu'on ne croit pas à l'évidence de sa propre existence, pourquoi s'arrêter, comme il le fait, à l'existence de la pensée, bien moins palpable que celle de la personne, ou sujet pensant? Son fameux « je pense, donc je suis » n'a pas plus de raison d'être que ce principe du bon sens : « je suis, donc je suis ». Et ce dernier a cet avantage sur le premier qu'il s'impose par lui-même tandis que l'autre n'est pas évident par lui-même. Pourquoi discuter l'évidence? Ce fut pourtant là toute l'œuvre personnelle de Descartes, qui n'ajouta rien de nouveau aux conditions exigées par la philosophie scolastique pour la science, sinon l'obligation de tout connaître pour savoir quelque chose, condition irréalisable qui a fini par décourager et anéantir la science.« Le scepticisme est comme le choc en retour de ce dogmatisme intempérant. » (1) Et M. Brunetière lui-même ne peut se défendre de cette influence pernicieuse du scepticisme ambiant et cartésien de l'Université ; il est, quoi qu'on en dise, un peu sceptique en philosophie, en métaphysique.

Ce n'est qu'en vertu d'un autre principe qui le dirige à son insu, le principe de causalité: il y a des effets produits par des causes; ce n'est qu'en vertu d'une chose évidente et nécessaire que Descartes s'arrête comme à une vérité certaine à son « je pense, donc je suis ». Et il croit aussi implicitement au témoignage de la conscience, le seul qui puisse lui attester qu'il pense. Avant de se prononcer sur l'existence certaine de sa pensée, il s'est déjà prononcé sans le savoir en faveur du principe de causalité et du témoignage de sa conscience.

On ne peut pas être davantage en désaccord avec soi-même. Aussi le célèbre auteur de la *Méthode* du doute était-il fort embarrassé pour asseoir la certitude de son existence : il se vit obligé de recourir pour cela à la véracité divine ; et ce ne fut que par une inconséquence de logique qu'il crut à sa propre existence après l'avoir établie sur une base aussi fragile que le doute et une véracité qui n'était pas encore prouvée.

Le doute cartésien heurte donc trop ouvertement la raison pour être fondé sur la vérité. Aussi se produit-il en ce moment une formidable réaction contre le cartésianisme, depuis que Léon XIII a remis en honneur la philosophie de saint Thomas d'Aquin qu'on aurait dû, dans l'intérêt de la science comme de la religion, ne jamais abandonner.

Enfin le *scepticisme académique ou mitigé*, qui admet que l'on arrive à une probabilité plus ou moins grande approchant de la certitude, ou qui croit seulement à la certitude vulgaire à laquelle il oppose la certitude scientifique, conduit, lui aussi, au scepti-

____

(1) Yves le Querdec, sur *La Cantique* de M. Charaux.

cisme universel absolu, et par conséquent, nous pouvons lui appliquer tout ce qui a été dit de ce dernier.

Ce n'est pas sur de simples probabilités, mais sur des vérités nécessaires et des faits qui s'imposent par leur évidence incontestable, que s'appuient les sciences physiques, mathématiques ou philosophiques. La certitude morale elle-même, M. Ollé-Laprune l'a magistralement démontré, est plus qu'une probabilité : il y a là impossibilité morale d'erreur, et cela suffit, mais cela est requis par les sciences morales.

Quant à ceux qui opposent la certitude vulgaire à la certitude scientifique, ils ne sont pas mieux inspirés ni plus logiques. Qu'est-ce que la certitude scientifique sinon la certitude vulgaire rendue plus réfléchie, se rendant compte des motifs de l'adhésion donnée ? Selon M. Duhem (1), les commencements de la science ne sont que « que le sens commun rendu plus attentif », et ses conclusions, quoique plus précises, sont dans un état d'infériorité par rapport aux données du sens commun. Sans cela la science ne saurait progresser.

La science ne fait que contrôler par la contre-épreuve de l'expérience, les données élémentaires du sens commun ou étendre à des conclusions éloignées, par des raisonnements compliqués, la clarté dont jouissent les premiers principes. Ceux-ci sont dès lors scientifiques au premier chef, parce qu'ils sont le point de départ obligé des sciences qui n'en sont souvent que l'évolution et qui, dans tous les cas, s'en servent comme de principes directeurs, sans jamais les répudier.

On ne peut en effet rien démontrer si on n'admet pas avant toute argumentation qu'une même chose, au même point de vue, ne peut pas être et n'être pas telle qu'elle est : c'est le principe de contradiction que toutes les sciences présupposent certain sans qu'il soit besoin de le démontrer. Ainsi tel objet n'est pas blanc tant qu'il est noir.

De même on doit admettre, après comme avant et durant toute démonstration scientifique, les trois principes de *causalité*, *d'ordre* et de *finalité*, qui sont de pures affirmations et ne se démontrent pas eux-mêmes, quoiqu'ils servent à démontrer tout le reste. Il y a des effets réels produits par des causes réelles : telle est la formule du principe de causalité. Il y a dans le monde un ordre qui dénote l'intervention d'une intelligence : telle est l'expression du principe d'harmonie. Le principe de finalité dit qu'il y a des faits utiles, intentionnels par suite de la convenance parfaite qui existe entre les êtres ou leurs différentes parties et leurs buts, ce qui prouve une volonté, un dessein.

Enfin on doit admettre comme certains, en physique, des faits

(1) M. Duhem, professeur de sciences physiques à la faculté de Bordeaux.

primitifs comme la pesanteur, la chaleur, la lumière, l'électricité, et certaines lois encore mal définies dont le bon sens a l'intuition avant que la science les ait déterminées ou formulées avec une précision mathémathique : tout le monde doit admettre ou admet que les corps pèsent, quoiqu'on ignore parfois la formule qui exprime ce poids en chiffres déterminés. On doit admettre l'existence des corps.

La connaissance préalable de ces principes, de ces faits et de ces lois de sens commun, mais fondamentaux pour la science, est donc scientifique, quoiqu'elle ne soit pas explicite et raisonnée ; si on ne les démontre pas c'est qu'ils n'ont pas besoin d'être démontrés : ils sont évidents par eux-mêmes, ils ont la certitude immédiate, et la science ne peut les récuser, pas plus que le bon sens ; car la science ne démontrera jamais la fausseté de ces vérités primitives : « les faits d'expérience simples et primitifs, quand ils sont évidents, et les conclusions légitimes que le bon sens en déduit, ne peuvent pas être renversés par la découverte postérieure de faits nouveaux et plus cachés. Ces faits, les derniers venus, reposent sur les premiers et par conséquent ne peuvent les détruire. » M. de Broglie, Positiv. et science exp. p. 151.

Et même, s'il y a une différence entre la certitude vulgaire et la certitude des conclusions scientifiques, elle est toute à l'avantage de la première, d'après M. Duhem.

Ainsi, la raison repousse le scepticisme universel sous toutes ses formes.

2o Le scepticisme universel est condamné par la morale.

Si un esprit sérieux et logique ne peut douter de tout, toute âme droite et honnête doit aussi repousser avec horreur le scepticisme universel que condamne non seulement la morale catholique, mais encore la morale purement naturelle. Parlons d'abord de cette dernière.

Si à ses fruits on reconnait l'arbre, aux résultats désastreux du scepticisme dans le monde *intellectuel, moral, social, religieux,* on pourra juger de sa valeur morale.

Dans le monde *intellectuel,* il engendre l'ignorance profonde de tout ce qu'il importe le plus de savoir : d'où venons-nous, que sommes-nous, où allons-nous ? A quoi bon s'occuper longtemps de choses qui tourmentent et divisent et qui sont loin d'être certaines ? Ainsi raisonne celui qui doute de tout, et il n'est que logique. Et comme l'absence de principes certains équivaut à de mauvais principes, par suite de l'impossibilité où elle met l'esprit de réagir contre les passions qui, elles, sont certaines et exigeantes, la raison du sceptique, bien loin de servir de règle à la vie, suit toutes les impressions du moment. Il ne sait guère distinguer le vrai du faux, à force de dire que telle chose est peut-être vraie, peut-être fausse. Il ne voit guère la limite qui sépare le bien du mal, puisqu'il croit que ce qu'on appelle bien est peut-être mal et réciproquement. De là vient la faiblesse de jugement qu'on remarque dans plusieurs sceptiques habitués à flotter à tout vent de doctrine. De là cette paresse intectuelle qui redoute le moindre effort et même la lecture d'un livre sérieux. De là enfin ce nihilisme effrayant de la pensée ou agnosticisme qui, d'après Bossuet, est le pire des maux.

Cette anarchie dans les idées qui est une conséquence nécessaire du système, d'après Jouffroy lui-même, ne peut ne pas avoir son retentissement dans l'ordre *religieux, moral, social.* Elle s'y traduit en pratique par l'indifférence religieuse, pire que l'hostilité; par un matérialisme abject; par l'arbitraire et le caprice, la faiblesse de caractère, la préférence de l'utile au juste, de la jouissance matérielle et bestiale au sacrifice et au devoir (car les passions dominent dès qu'elles n'ont pas de frein dans les principes de l'esprit). Il ne faut donc pas demander au sceptique de se sacrifier pour sa famille, son Dieu, son pays : il ne risquera pas sa peau pour des peut-être. Qui sait, dira-t-il, si je ne suis pas trahi ? Et la compensation du ciel, qui sait si elle est certaine ? Avec Montaigne il pourra dire « Je suis tantôt sage et tantôt libertin ; tantôt vrai, tantôt menteur ; chaste, impudique ; puis libéral, prodigue, avare, et tout cela selon que je me vire. » Si cette manière d'agir se généralisait, qui ne voit à quelles ruines effrayantes le scepticisme universel mènerait la société, la science et la religion ? Et nous en arrivons là.

Arrière donc le scepticisme universel !

Du reste, il n'est pas moins condamné par l'Eglise que par la nature humaine.

3º Le scepticisme universel est condamné par l'Église.

Le scepticisme universel, cette forme polie de la négation de toute certitude scientifique et religieuse, ne pouvait être accueilli avec faveur par l'Église, cet incorruptible gardien de la religion révélée.

Aussi a-t-elle condamné à plusieurs reprises « cet état suspensif contraire à la nature humaine, à l'essence même et aux conditions de l'esprit » (1). Après avoir signalé comme une source d'erreurs le doute positif qu'Hermès donnait pour base à la théologie, elle a frappé de ses anathèmes quiconque affirmera qu'on ne peut acquérir la certitude de l'existence de Dieu ou de la réalité de quelques miracles. Elle désapprouve le discours sur la méthode.

On ne peut donc plus être catholique et sceptique universel. La foi est faite de certitudes comme la science , et douter de tout, c'est répudier la foi en même temps que le sens commun et la morale naturelle.

(1) M. Caro, de l'Académie (Littré et le Positivisme, p. 148).

DEUXIÈME QUESTION : LE MONDE DES CORPS INANIMÉS.

On ne peut sans crime être sceptique sur toutes choses.

On s'expose presque aux mêmes inconvénients quand on nie ou révoque en doute l'existence des esprits, du surnaturel ou même l'existence des corps.C'est ce que font le scepticisme particulier ou l'incrédulité systématique, qui prennent différents noms, selon qu'ils s'attaquent à des réalités d'ordres différents. Le naturalisme nie ou met en question le monde surnaturel, le rationalisme s'en prend à la révélation, le matérialisme aux réalités spirituelles ; l'idéalisme ou le scepticisme objectif, aux objets sensibles et matériels.

Sur toutes ces vérités importantes,la grande majorité des hommes sont incapables de se faire des convictions arrêtées et communes; comme il le faudrait pour obtenir l'union si désirable des esprits, des cœurs et d'une conduite uniforme. Il faut qu'ils acceptent dès les premiers pas la doctrine catholique de l'Eglise sinon comme l'enseignement d'une mère vénérée, du moins comme une boussole qui les dirige dans les recherches de la vérité, ou comme un fil conducteur qui les dégage du labyrinthe des systèmes. Léon XIII — cette autorité vaut bien au moins celle d'un philosophe, pour les sceptiques — l'affirmait naguère dans une de ses immortelles Encycliques. « Chez ceux qui font profession de prendre la raison seule pour guide, dit-il, on trouverait difficilement, — si tant est qu'on la trouve jamais, — l'unité de doctrine. En effet, l'art de connaître le vrai est plein de difficultés ; de plus l'intelligence de l'homme est faible par nature et tirée en sens divers par la variété des opinions ; elle est souvent le jouet des impressions venues du dehors ; il faut joindre à cela l'influence des passions, qui souvent, ou enlèvent complètement ou diminuent dans de notables proportions la capacité de saisir la vérité...

Il en est tout autrement des chrétiens : ils reçoivent de l'Église la règle de leur foi ; ils savent avec certitude qu'en obéissant à son autorité et en se laissant guider par elle, ils seront mis en possession de la vérité. Aussi, de même qu'il n'y a qu'une Eglise, parce qu'il n'y a qu'un seul Jésus-Christ, il n'y a et il ne doit y avoir entre les chrétiens du monde entier qu'une seule doctrine. »

Voilà ce qui fait la lumière, la force des catholiques, même dans

l'étude du monde physique inanimé. En affermissant les bases de
la foi, l'Eglise, du même coup, affermit les principes de la raison
sur les problèmes les plus importants, dont elle donne, elle seule,
une solution satisfaisante par ses décisions ou par la philosophie
que ces décisions supposent. L'Église soustrait ainsi la raison à
l'erreur ou au doute particulier, qui est souvent aussi dangereux
que le scepticisme universel, auquel il aboutit inévitablement.

Les savants se fussent épargné bien des déboires s'ils n'avaient
jamais perdu de vue la doctrine catholique. C'est ce qui ressort
évidemment de la multiplicité et de l'insuffisance des systèmes, en
dehors de la philosophie catholique, sur l'existence du monde physique inanimé, sur la nature de ce monde physique inanimé, sur
son origine et sa destinée : quatre problèmes qui intéressent au
plus haut point les sciences comme la religion et dont la solution
s'impose dès qu'on veut connaître la vérité sur tout ce qui nous
entoure et nous touche de près.

I. — *Existence du monde physique inanimé.*

Le temps n'est plus où, pour faire parade de bel esprit, on niait
le surnaturel sans révoquer en doute les vérités naturelles du
monde invisible. Le siècle de Voltaire est fini. Mais notre siècle
comptera parmi ceux qui ont nié avec le plus d'audace les réalités
métaphysiques : Dieu, l'âme, l'au-delà de la vie. La philosophie de
Comte et de Littré a servi de point de ralliement à une foule d'intelligences qui ne voulaient rien tenir de l'Église et qui préten-
daient pourtant arriver à la vérité sur toutes choses. Cette philosophie méprisait ou voulait ignorer tout ce qui ne tombe pas sous
les sens.

C'était un scepticisme limité aux objets métaphysiques et surna-
turels ; mais, comme on l'a dit avec raison, c'était « la forme
prédestinée et populaire du scepticisme dans un temps comme le
nôtre, témoin du progrès des sciences, de leurs fécondes applica-
tions, de la constance et de la régularité de leurs résultats (1) ».
Les choses invisibles étaient alors regardées comme autant d'illusions. On ne voulait croire qu'à ce que l'on voyait ou touchait, qu'à
tout ce qui pouvait être l'objet d'expériences contrôlées. Mais la
science positive a été déclarée en faillite.

Le positivisme a vécu, supplanté à son tour par une philosophie
allemande qui, pour établir l'existence du monde invisible ou l'idéalisme, s'est jetée dans l'extrême opposé : elle nie toute réalité
objective des corps ou déclare sans détour que nous ne pouvons
pas savoir ce que sont les corps, ni même si les corps existent
en dehors de notre esprit. Ses partisans les plus modérés se conten-

(1) M. Caro, ibid., p. 165, 166.

tent de douter de l'existence du monde physique, ce qu'un positi-viste n'eût pas osé faire : « les expériences répétées, la prévision infaillible des phénomènes astronomiques, les vérifications toujours possibles de certains autres, la précision du calcul empêchent, pra-tiquement au moins, le doute dans l'ordre des faits physiques et sensibles » (1). En tous cas, ce n'est pas le bon sens qui hésite sur ce point. Mais nous sommes obligés de compter avec ce *nouvel idéalisme* constaté par M. Sabatier et dont sont imbus un grand nombre de nos contemporains. Il est professé à l'heure actuelle par des hommes éminents dont plusieurs ont d'excellentes intentions que nous ne voulons pas méconnaître, tout en attaquant le système comme subversif de toute certitude.

Nous disons *nouvel idéalisme*, parce que Kant a eu des devan-ciers dans les Eléates et Berkeley, qui soutenaient que nos idées ne répondent à aucune réalité extérieure ; et, on peut le dire aussi, dans tous ceux qui, comme Descartes et Malebranche, ont cru qu'on pouvait douter de l'existence réelle des corps tant qu'on n'avait pas établi celle du sujet pensant ou qu'on ne s'était pas appuyé sur la véracité divine et même sur la révélation. Berkeley ne pensait pas que nos idées eussent pour cause le monde visible ; voilà pourquoi il ne croyait pas au monde extérieur, et ne jugeait pas à propos d'y croire : pour lui il n'y a pas de monde exté-rieur, ou s'il y en a un, on ne peut connaître s'il existe.

Pour Kant, les idées sont l'œuvre exclusive de l'esprit qui, en créant les sensations, ne fait que les idéaliser par des formes abs-traites ne répondant à aucune réalité. Les idées ne provenant pas du monde extérieur, elles ne peuvent démontrer son existence ; et il n'y a pas de communication possible entre le sujet pensant et les objets matériels, en supposant qu'ils existent.

Voilà en quoi consiste l'idéalisme, ce système inventé sous pré-texte de réagir contre le matérialisme ou l'école positiviste, mais qui n'est pas moins dangereux pour la certitude que le système qui n'accepte que des objets visibles et soumis au contrôle de la science.

Pour le réfuter, contentons nous d'affirmer que les corps exis-tent réellement et de répondre aux objections que l'idéalisme nous fait au nom de la science. Et pour ceux qui ne seraient pas encore convaincus de la fausseté du système et qui ne courbent la tête que devant une autorité supérieure à la science, nous avons la doctrine catholique : elle condamne aussi l'idéalisme.

*_**

1° D'abord nous n'essayerons pas de prouver directement l'exis-tence des corps inanimés. Ce serait vouloir démontrer l'indémon-

______
(1) M. Caro, ib.

trable ou ce qui est évident et ce qui ne suppose aucune autre vérité plus évidente. Il suffit d'affirmer, avec la très grande majorité du genre humain, que les corps sont par eux-mêmes, dans leur réalité ou existence objective, saisis par les sens tels qu'ils sont au dehors, du moins lorsque les sens ne sont atteints d'aucune infirmité, et que l'attention nécessaire et le calme de l'imagination viennent prêter main forte aux facultés sensibles. Il y a donc, hors de noús, des corps réels indépendants de nos sensations.

Nous ne voulons pas dire ici qu'il faille admettre l'existence des soixante-dix corps simples de la chimie : ce nombre, réduit jadis aux quatre éléments, peut augmenter encore. Il n'est pas davantage question d'admettre comme des réalités irréductibles l'électricité, le magnétisme, la chaleur et la lumière que M. Berthelot ne regarde que comme des modes de mouvement. Il suffit d'admettre, dès qu'ils sont perçus par les sens, l'existence d'un certain nombre de corps et des faits primitifs qui s'appellent aujourd'hui pesanteur, mouvement, chaleur, lumière, électricité, etc.. C'est une loi de la nature que cette conviction inébranlable.

Cette loi impérieuse nous pousse irrésistiblement à croire à l'existence des objets comme étant extérieurs et distincts de nos idées ainsi que de nos sensations. C'est une impulsion raisonnable, quoique non raisonnée ; et elle aboutit à une certitude immédiate, supérieure en un sens à la certitude scientifique, qui n'est qu'une certitude de conclusions déduites de principes indémontrables. L'évidence de ce principe de sens commun : « il existe réellement des corps en dehors de nos sens » vient de ce que cette notion s'appuie immédiatement sur l'expérience, tandis que la certitude scientifique n'en est pas toujours là.

Le jugement que nous portons sur cette existence réelle du monde physique, est un jugement infaillible et nécessaire comme l'instinct qui le produit : « Qu'on soit ignorant ou savant, a dit de Quatrefages (1), il est impossible de ne pas voir avant tout dans ce qui existe, deux sortes d'objets bien distincts : les corps bruts et les êtres organisés. » On peut en dire autant des trois éléments ou principaux états de la matière : l'état solide, l'état liquide et l'état gazeux.

Cette impossibilité où nous sommes de douter de l'existence réelle des corps bruts, pour ne parler ici que de ceux-là, est très raisonnable, quoiqu'elle ne soit pas réfléchie. C'est « un état d'invincible connaissance », comme l'appelle M. Ollé-Laprune (2), qui reconnaît que la réflexion n'est pas du tout nécessaire pour se prononcer dans ce cas avec certitude. Mais la réflexion montre, après

(1) De Quatrefages (espèce hum., ch. I).
(2) M. Ollé-Laprune (Certitude morale).

coup, que nous avons eu raison de nous prononcer en faveur de l'existence réelle des corps : « La réflexion intervenant ensuite, dit M. Ollé-Laprune, n'a point de peine à trouver des raisons suffisantes pour justifier ces jugements primitifs et ces rapides inférences ; mais quand elle ne réussirait pas à mettre à nu tous les motifs de l'affirmation, celle-ci n'en serait pas moins solide ni moins légitime. »

Une de ces raisons suffisantes serait, par exemple, la joie éprouvée par le cœur lorsque nous avons échappé à quelque grand danger, précisément parce que nous avons considéré les objets extérieurs comme existant en dehors de nos sensations et que nous avons pris nos précautions contre ces ennemis du dehors.

Un autre motif non moins raisonnable de cette affirmation si ferme, c'est qu'il répugne de croire que nos sens soient si bien faits pour voir, entendre, sentir, goûter et toucher, et que cette organisation si parfaite n'aboutisse jamais qu'à ne pas voir ce qui est ou qu'à voir ce qui n'est pas et qu'à ne rien percevoir du dehors par ces sentinelles placées sur les frontières du corps humain, comme pour le mettre en communication directe avec les autres corps de l'univers.

Mais n'anticipons pas. Nous parlerons plus longuement des sens quand nous en serons à la sensation.

Nous trouvons une nouvelle raison de croire à cette réalité extérieure des corps, dans cette impulsion première, irrésistible, universelle, qui nous pousse avant tout à rapporter au monde extérieur les impressions produites sur nos sens à l'état de veille, quand nous jouissons de l'usage de toutes nos facultés. Qui songe à examiner ses yeux pour en extraire la photographie des objets qu'il a vus ? Qui sonde le pavillon de l'oreille pour constater l'objet sonore qui a produit l'ébranlement du nerf auditif ? Quel est celui qui rapporte à la perfection ou à l'imperfection de ses doigts, à leur longueur ou largeur ou épaisseur, la brûlure qu'il éprouve, la dimension des corps qu'il mesure ?

Comment expliquer cette tendance invincible, universelle, si le monde extérieur se confond avec nos sens et s'il suffit de les analyser, de les mesurer, pour analyser et mesurer tous les corps qui, dès lors, ne seraient ni plus chauds, ni plus grands que le corps humain, ce qui est absurde ?

Et puis, l'objet de nos sensations n'est pas toujours sous notre dépendance. Dans bien des cas, nous ne sommes pas maîtres de nos impressions sensibles, soit pour leur production, soit pour leur persistance ou leur disparition. Bon gré mal gré, quand nous avons les yeux ouverts, il faut voir tel ou tel objet placé à notre portée, même lorsque cet objet n'est pas de notre goût. A notre insu et souvent malgré nos résistances, nos facultés sensibles, qui, d'elles-mêmes, ne sont pas faites pour sentir un objet plutôt qu'un autre, sont déterminées à voir, à entendre tel objet et non pas tel autre.

Cette détermination ne peut venir que du dehors, puisqu'elle ne vient pas alors du dedans, du sujet pensant ou sentant. La cause déterminante et première de ces modifications ou impressions des sens ne peut être que l'existence réelle d'objets extérieurs et corporels dont les sensations sont les représentations.

Un autre motif qui justifie cette adhésion si ferme, donnée à la réalité du monde matériel, c'est la différence tranchée qu'il y a, pour le simple bon sens et pour tous ceux qui réfléchissent, entre l'état de veille et le rêve du sommeil, entre l'aliéné et celui qui jouit de toutes ses facultés. Nous savons que l'école de Taine établit entre la perception des sens et l'hallucination, une confusion regrettable; mais Taine a beau appeler la perception externe *une hallucination vraie*, qui n'a de réalité que dans l'imagination et la représentation des sens, sans répondre autrement que comme signe à la nature extérieure, il n'en est pas moins vrai que le monde n'est pas un hôpital de fous : ce qui aurait lieu si tous les hommes prenaient leurs rêves pour des réalités et confondaient les impressions venues du dehors avec celles qui viennent du dedans. Dans l'aliénation comme dans le sommeil, les sens sont liés, et le monde des chimères enfantées par une imagination détraquée, reste souvent la seule réalité, quoiqu'il ne soit pas rare que nos rêves soient des sensations extérieures, réelles grossies par l'imagination, comme cela arrive à ceux qui rêvent qu'un serpent les pique au moment même où ils ressentent la piqûre d'une puce véritable. Les impressions sont alors si vives, que les objets extérieurs affecteraient moins vivement le cerveau que ne le font des imaginations. On croit voir, entendre ce qui n'existe pas : c'est la folie ou le rêve du sommeil. Il n'est pas étonnant que l'esprit, ne pouvant alors comparer les impressions avec l'extérieur, porte des jugements faux sur la réalité de ces représentations : le rapport qui fait la vérité lui échappe.

Mais il n'en est pas ainsi à l'état de veille pour celui qui est sain d'esprit. Il sait distinguer la réalité des fantômes en comparant l'effet avec sa cause, la sensation avec ce qui l'a provoqué du dehors. Tant que ses impressions n'ont qu'une origine tout intérieure ou subjective, il se garde bien de leur attribuer une existence réelle objective en dehors de ses organes. Si donc il rapporte souvent à l'extérieur la cause déterminante de ses sensations, c'est qu'elles répondent à des réalités physiques indépendantes de l'esprit et des sens, qui les perçoivent sans les créer. Ce ne sont pas tant les sens qui agissent sur ces objets, que ces objets qui agissent sur les sens.

Il ne faut pas juger de la perception normale, régulière, ordinaire, par un état maladif ou par l'impossibilité, pour les sens, de contrôler les faits au dehors.

Enfin, ceux qui croient à l'existence extérieure des corps, peuvent encore se justifier par cette raison capitale que si nous ne con-

naissons pas avec certitude, par les sens, l'existence réelle des
corps, c'en est fait du principe d'identité ou de contradiction,
comme de ces autres principes de sens commun appelés principes
de causalité, d'ordre, de finalité, que présupposent comme principes directeurs toutes les sciences; c'en est fait même des principes constitutifs de toutes les branches du savoir humain et en
particulier de la physique. Expliquons-nous.

Le principe général d'identité ou de contradiction, qui étend à
tous les êtres ce qu'on a remarqué dans quelques êtres réels; tire
toute sa valeur objective de l'existence réelle des corps, qui sont le
premier objet de notre connaissance. La première abstraction doit
répondre à la première réalité perçue; on n'abstrait rien du néant.
L'existence simple des êtres physiques, placés dans les mêmes conditions, voilà l'origine première de ce principe : « Le même est le même ;
un être ne peut être et en même temps ne pas être au même point
de vue. » Il n'y a que la matière qui ait l'être seulement ; la plante
vit. Du reste le principe d'identité n'est pas plus clair que le fait
primitif de l'existence réelle du monde physique extérieur.

Et il en est de même de ces principes directeurs de toutes les
sciences qu'on appelle le principe de causalité, le principe d'ordre,
le principe de finalité. Ils n'ont de base objective que dans le monde
matériel. Les sens, du moins d'après l'expérience et la plus saine
des philosophies, ont suggéré, par leurs données sensibles, les
idées d'effets et de cause, celles d'ordre et de fin déterminée. Toute
connaissance nous arrivant par les sens, dans l'ordre naturel, nous
nous élevons à l'idée d'effet en voyant tel être commencer d'exister
dans la nature, et à celle de cause en voyant que la présence de tel
corps donne lieu à tel effet sensible, tandis que l'absence de ce corps
supprime l'effet. C'est la position régulière des corps en repos ou
en mouvement qui élève à l'idée d'harmonie. Enfin, c'est la nature
physique atteignant ordinairement un but pour lequel elle est visi-
blement faite, qui donne lieu au principe de finalité.

Or, nier ces principes, surtout celui d'identité et celui de causalité,
c'est ruiner tout l'édifice des sciences.

Si donc on veut donner quelque force probante, quelque réalité
à ces principes et par conséquent aux sciences humaines, il faut
bien admettre la réalité physique qui leur sert de base et qui est la
mesure de leur réalité ; puisque, pour dire d'une chose qu'elle est
vraie, on dit communément : c'est visible, palpable.

Mais, nier l'existence réelle des corps ou leur connaissance certaine, c'est porter un coup mortel à la physique en particulier.
Nous ne parlons pas de la psychologie, qui ne pourrait rendre
compte des sensations extérieures lorsque la conscience n'en trouverait pas au-dedans la cause déterminante. « L'admission d'un
fait sans cause, a dit Claude Bernard (1), c'est-à-dire indétermina-

(1) Cl. Bernard, introd. à la méd. expér. p. 93.

ble dans ses conditions d'existence, n'est ni plus ni moins que la négation de la science. » Mais surtout il n'y a plus de physique proprement dite, si le monde extérieur n atériel n'existe pas réellement ou s'il n'est pas connu avec certitude. En effet, si les objets de la sensation se confondent avec les sens ou les idées, il suffit d'analyser les sens et les idées par les procédés de la physiologie ou de la psychologie. Puisque les sensations constituent toute la physique, à quoi bon multiplier les expériences extérieures et fabriquer tant d'instruments ? Mais ce n'est pas là ce que les idéalistes eux-mêmes entendent par physique. La très grande majorité des savants la définissent comme M. Cochin (1).

« La physique, dit-il, est la conception de la matière par notre esprit, abstraction faite des sensations que la matière produit en nous, mais affirmation faite de la *réalité extérieure* qui les provoque. » Et des exemples bien choisis par ce savant prouvent que la physique dégage progressivement les faits observés de ce qui est la part de la sensation, pour arriver à reconstruire la matière théoriquement, telle qu'elle est, indépendamment de nous. La réalité extérieure de ce qui est corporel, c'est-à-dire composé de parties multiples de matière, tel est donc l'objet propre et constitutif de la physique, du moins son premier et principal objet. La physique est bien aussi l'étude des lois de la matière ; mais ces lois universelles ont commencé par être des observations sensibles d'où l'esprit a dégagé les idées générales qui portent le nom de lois ; donc, si les sens ne saisissent pas ces lois ou rapports, ils fournissent encore les matériaux extérieurs et réels qui servent à édifier ces lois et qui leur donnent un fondement dans la réalité objective, concrète.

Supprimer l'existence extérieure des corps, c'est donc supprimer la physique, et par suite tomber dans le scepticisme universel ; puisque rien n'est plus clair que la réalité des corps, et qu'il n'y a pas de motif d'accepter le moins lorsqu'on a rejeté le plus. Tel est le langage du bon sens. L'existence de Dieu surtout, qui ne nous est démontrée que par la nécessité d'une cause pour les effets visibles que constatent les sens, l'existence de Dieu aurait beaucoup à souffrir de l'incertitude ou de l'ignorance sur la réalité physique du monde extérieur. Sans les données des sens, point de valeur objective et probante pour nos arguments. Jamais la raison ne pourrait conclure à l'existence réelle d'un Dieu, cause première de l'univers, si les sens n'avaient pas d'abord constaté l'existence réelle de l'univers matériel ; il n'y a pas de cause connue sans la connaissance des effets sensibles de cette cause. Et c'est peut-être pour ce motif qu'il y a tant d'athées parmi les idéalistes du jour : c'est une conséquence rigoureuse et la faute du système.

(1) M. Cochin. Le monde extérieur.

En définitive, tout le monde doit croire à l'existence réelle et extérieure des corps privés de vie, pour ne parler que du monde, inanimé. Si cette croyance ou affirmation n'est pas raisonnée, elle n'en est pas moins très raisonnable, très fondée, inattaquable pour le savant comme pour l'ignorant. C'est là le premier, le plus ferme et le plus commun terrain intellectuel d'entente entre les hommes, parce que ce fait primitif est du domaine du bon sens, qui fournit les meilleures des preuves et des preuves que la science ne répudie jamais.

La Fontaine parlait donc à la fois le langage de la science et celui du commun des hommes quand il donnait comme le dernier mot de la certitude du monde physique, son célèbre : « *Je l'ai vu, vu de mes yeux, vu ce qui s'appelle vu.* »

Et en vérité ce seul argument suffit, la réflexion n'étant nullement nécessaire pour arriver à la certitude dans une foule de cas, et ne faisant du reste que confirmer ici le bon sens qui constitue la raison du plus grand nombre des hommes et « cette droiture naturelle de l'esprit qui fait qu'il distingue la vérité par une sorte de flair, s'écarte spontanément de l'erreur et répudie l'absurdité (1). »

Contentons-nous donc de cette preuve ou plutôt de cette affirmation du bon sens : *les corps existent réellement en dehors des opérations de l'esprit ou des sensations.* Ce n'est pas un instinct aveugle que l'instinct qui nous pousse irrésistiblement à croire à la réalité du monde externe, la clarté de l'évidence y détermine par la sensation éprouvée et par la connaissance immédiate de la cause de cette sensation.

2° Mais tous ne se contentent pas de la preuve de sens commun, quand même la réalité de l'existence des corps serait déjà éprouvée, comme l'a recommandé Fonsegrive « au contact de notre être analysé par la réflexion. »

Il faut encore défendre cette vérité de sens commun contre des adversaires sérieux dont le nombre grandit sans cesse et qui joignent souvent à un grand nom l'autorité d'une vie exemplaire.

Les objections pullulent sur ce terrain. Et il faut avouer que très souvent elles sont présentées avec art et qu'elles en imposent aux naïfs par un aspect scientifique qui leur donne toutes les apparences de la vérité. Là est le danger.

Est ce à dire pourtant que le système idéaliste soit à la fois, comme s'exprime d'Olbach, le *plus extravagant* de tous et aussi le *plus irréfutable*, à cause de ses sophismes insolubles? Nous n'irons pas jusqu'à qualifier d'extravagants tous les idéalistes. Les penseurs ont droit à plus d'égards ; car plusieurs idéalistes ne se sont rangés

---

(1) M. Rayot. Leçons de psychologie.

à cette doctrine que dans l'espoir de réfuter victorieusement un matérialisme dégradant qui contrariait leurs nobles aspirations vers un sublime idéal.

Et d'un autre côté, il faut user d'indulgence envers le savant qui s'écarte un instant du sens commun : il est trop habitué à se rendre compte de toutes choses pour ne pas être tenté quelquefois de forcer par le raisonnement les barrières du sens commun qui doivent être sacrées pour tous les hommes. « Je me sens tenté, disait d'Alembert, de penser que tout ce que nous voyons n'est qu'une illusion des sens. » Ajoutons que plusieurs idéalistes, comme Descartes et Malebranche, « ont employé, dit Reid (1), tout leur génie à prouver l'existence du monde matériel, et il paraît qu'ils l'ont fait avec peu de succès. » La raison qu'il en donne c'est que cette preuve de l'existence des corps qui semble être à la portée de tout le monde, « est précisément ce qu'il y a de plus difficile à comprendre. »

On est étonné que le philosophe écossais, après avoir reconnu cette difficulté et même de la bonne volonté dans Descartes et Malebranche, ait porté sur l'idéalisme ce jugement sévère : « Le sens commun regardant une opinion si bizarre comme une espèce de folie métaphysique en conclut qu'un excès de savoir peut troubler l'économie organique du cerveau le plus sain ; qu'un homme entêté de ces idées creuses, quelque sage et prudent qu'il soit à tout égard, ressemble parfaitement à ceux qui imaginent que leur nez est de verre ; et qu'une telle doctrine annonce un esprit affaibli par une application excessive à des spéculations abstraites. Et cette opposition manifeste entre le sens commun et la philosophie peut enfin devenir fatale au philosophe lui-même. »

Sans aller aussi loin que Reid dans la critique de l'idéalisme, nous n'admettons pas non plus avec d'Olbach, que ce système soit *le plus irréfutable de tous*. Il est vrai que le nombre et l'autorité de ses défenseurs en imposent autant que la subtilité de leurs objections auprès de ceux qui ne pensent guère par eux-mêmes, ou qui trouvent un certain amour-propre à n'accepter que ce qu'ils ont démontré par des arguments de leur invention.

C'est ce qui a fait dire à M. Cochin : « Contre l'idéalisme, le sens commun possède une provision de massues ; mais le subtil adversaire en élude souvent les coups. » Que nous oppose donc ce dangereux système, qui mène droit au scepticisme universel en niant ce qu'il y a de plus clair et en enlevant toute valeur objective aux preuves du monde de la pensée, et qui, de plus, laisse la porte ouverte aux ennemis de la propriété et de l'ordre public en leur laissant croire qu'ils ont le même droit sur la propriété du voisin que sur leurs propres sensations, puisque c'est la même chose, un fruit de leur propre activité intérieure ?

(1) Reid, trad. Jouffroy, vol. ii.

Disons tout d'abord que si on ne peut réfuter toutes les objections des idéalistes sans sortir du sens commun, on peut du moins
en résoudre un grand nombre, même parmi celles qu'ils donnent
comme le dernier mot de la science. Pour les résoudre toutes, il
faudrait éliminer le mystère qui plane sur la perception, mystère
que les idéalistes laissent subsister tout entier, malgré leur préten-
tion de tout éclaircir, et qu'ils rendent même plus impénétrable
par leurs principes *à priori* moins évidents que la réalité du monde
extérieur.

1re Objection. « Les objets sont nos modifications mêmes : en
croyant saisir quelque chose d'externe, c'est quelque chose d'interne que nous percevons... Dans la perception, comme dans l'hallucination, nous détachons de nous ce qui est en nous, nous objec-
tivons une donnée purement interne. » C'est ainsi que s'exprime
un éminent professeur de philosophie, le protestant Rayot (1), qui
avoue pourtant qu'on ne peut douter raisonnablement de l'existence
des objets extérieurs, quoiqu'on ne puisse, selon lui, la démontrer,
et que le monde externe reste absolument inconnu pour nous.

Et la raison qu'il en donne en fidèle disciple de Kant, c'est qu'il
n'y a pas de pont de communication entre les objets matériels extérieurs et l'esprit humain et qu'il ne peut pas y en avoir : la pensée
ne pouvant sauter par-dessus son ombre, entrer dans les objets,
devenir les objets eux-mêmes et les saisir avec leur nature réelle,
leurs qualités réelles, elle ne peut atteindre que les effets produits
sur elle par les choses, c'est-à-dire des modifications, des impressions d'elle-même. Il n'y a pas même d'analogie entre l'état particulier de l'esprit et l'impression qui en est l'origine : les corps ne
pouvant agir sur des esprits, ne peuvent pénétrer en aucune façon
dans l'intelligence, être connus par elle dans leur réalité matérielle. Telle est la difficulté.

Réponse. Il faut savoir gré à M. Rayot d'admettre l'existence
réelle des corps. bien qu'il s'avoue impuissant à les connaître directement ou indirectement. Mais il n'y a pas, comme il le prétend,
dans la perception sensible, quoiqu'elle soit une connaissance
réelle du monde externe, une action exclusive de l'esprit humain,
comme cela a lieu dans les jugements et la connaissance des choses
purement spirituelles. L'esprit humain, dans l'état présent, est lié
à des organes qu'il vivifie et par lesquels il étend sa vue au dehors
sans sortir de lui-même et du corps qu'il anime. Le monde externe
est représenté sur les sens tel qu'il est parce que les sens ont quelque chose de matériel comme leurs objets, ce qui rend les com-
munications possibles. Les sens ne perçoivent pas, il est vrai, sans
la réflexion de l'esprit, entre les objets et leur représentation sensible, cette conformité qui constitue la vérité ; mais ils connaissent

(1) Rayot, Leçons de Psychologie.

leur objet propre en lui-même directement comme la cause de leur excitation, et cela suffit pour qu'on puisse se prononcer en faveur de la réalité des corps extérieurs : d'une certaine manière les sens voient la vérité, parce qu'ils connaissent, en même temps qu'ils les sentent, les objets. La sensation, en tant que modification des sens est purement subjective comme la douleur, qui n'affecte pas une pierre ; mais en tant que connaissance, elle est aussi quelque chose d'objectif et se termine, comme toute connaissance, à l'objet réel et non pas seulement à une représentation. Celle-ci n'est que le principe de notre connaissance, une excitation à connaître, un moyen de connaître, et non le terme de la connaissance, sinon pour la réflexion : quand l'homme veut faire un retour sur lui-même, ce qu'il ne fait pas avant d'avoir connu le monde visible. Ainsi, rien n'empêche les corps extérieurs d'agir sur le nôtre qui, à cause de l'intime union de l'âme et du corps, éprouve à la fois des modifications et une vraie connaissance des objets du dehors, sans avoir besoin de sauter dans ces objets.

2° Objection. L'expérience prouve que chacun de nos sens nous a trompés plus d'une fois, sans parler des rêves de la folie, qui font passer des chimères pour des réalités. Donc on ne peut pas se fier au témoignage des sens, le seul pourtant qui nous certifie l'existence du monde des corps visibles.

Réponse. L'abus d'une excellente chose ne peut pas, quand il est rare, en faire condamner pour toujours l'usage : nul ne songe à déraciner la vigne sous prétexte qu'il y a des ivrognes. Or, quand l'homme jouit de ses facultés et que ses organes ne sont pas atteints par la maladie ; quand le milieu est favorable à l'exercice des sens, comme une lumière modérée ; et enfin lorsque l'objet n'est pas trop près ni trop éloigné, mais à la portée des sens dont il est l'objet propre, comme les couleurs pour les yeux, les sons pour les oreilles, alors il n'y a pas d'erreur possible. Et si elle existe, elle est extrêmement rare, surtout si on confirme par le témoignage de plusieurs sens le témoignage apporté par un seul, comme lorsqu'on redresse les illusions d'optique d'un bâton rompu dans l'eau, en constatant avec les mains s'il est réellement rompu ou si c'est un phénomène de réfraction des rayons solaires sur l'eau.

3e Objection : Elle est tirée du caractère relatif des qualités. Nous ne saisissons que par les sens les corps ambiants et encore dans leurs qualités seulement, du moins directement. Or, que ces qualités soient primaires comme l'étendue des corps, ou secondaires comme leurs couleurs et leurs sons, ces qualités, aux yeux de la science contemporaine, n'existent pas dans le monde extérieur, mais sont de pures modifications de nos sens ou même de notre esprit.

Donc les corps n'ont aucune réalité extérieure et par conséquent ne peuvent être connus véritablement comme existant réellement au dehors.

Ici nous retrouvons M. Rayot, qui semble être l'écho de toute la philosophie de l'époque ou du moins de l'enseignement officiel de la philosophie à notre époque.

Pour lui, les qualités secondaires qu'on appelle couleur, chaleur, froid, son, odeur, saveur, n'existent pas en elles-mêmes, mais par rapport à nous et en nous : leur existence consiste, selon le mot de Berkeley, *à être connue* : sans l'homme qui les perçoit, elles n'auraient aucune réalité ; elles ont donc un être relatif, mais n'ont rien d'absolu, d'indépendant des sens. Les raisons apportées par M. Rayot sont les suivantes : *l'expérience* et la *science positive.*

L'*expérience* prouve que plusieurs individus ne voient pas, n'entendent pas la même chose de la même manière : l'un la voit ou l'entend plus distinctement que l'autre. Ces variations dans la sensation se remarquent surtout dans le goût et la vue, qui peuvent se modifier totalement dans le même individu selon les différents âges de sa vie ou selon qu'il est malade ou bien portant. C'est pour cela qu'il est passé en proverbe que « *Des goûts et des couleurs on ne dispute pas.* » La fièvre rend très impressionnable ; la jaunisse fait voir tous les objets comme s'ils étaient jaunes.

Comment expliquer tant de différentes manières de voir et d'entendre, en un mot de sentir le même objet, si cet objet avait une existence réelle, indépendante de nos sensations ?

La *science positive* appuie cette expérience puisque, pour elle, dans le monde qui nous entoure, il n'y a que du mouvement. Les quatre éléments des anciens : la terre, l'eau, l'air et le feu ont fait leur temps, depuis la découverte des corps simples de la chimie. Et M. Berthelot assure que « les fluides électrique, magnétique, calorique, lumineux, que l'on admettait au commencement de ce siècle comme supports de l'électricité, du magnétisme, de la chaleur et de la lumière, n'ont certes pas, aux yeux des physiciens de nos jours, plus de réalité que les quatre éléments... Ces fluides supposés... se sont réduits en un seul, l'éther, auquel on attribue des propriétés imaginaires et parfois contradictoires. Mais déjà l'atome des chimistes, l'éther des physiciens semblent disparaître à leur tour, par suite des conceptions nouvelles qui tentent de tout expliquer par les phénomènes du mouvement. »

Quelle valeur peuvent avoir des qualités qu'on regarde aujourd'hui comme réelles et que la science regardera demain comme des êtres imaginaires ou de pures sensations, comme elle le fait pour les éléments?

Ajoutons les expériences de Müller, dont s'autorise M. Rayot, pour conclure que « toutes les qualités secondaires n'ont de réalité qu'en nous : sans la conscience elles ne seraient pas (1). » Müller a démontré, sur l'énergie des nerfs, qu'une même chose agissant sur des nerfs différents, produit des effets différents : un courant électrique « agissant sur le nerf optique de l'œil, déterminera une couleur ; sur l'oreille, il produira un son, sur la peau, un picotement, sur la langue, une saveur. Et inversement, des choses différentes en elles-mêmes, agissant sur un même nerf, produisent toujours les mêmes modifications : pour l'œil, par exemple, qu'il soit frappé violemment ou coupé dans le nerf optique, ou excité par un courant électrique, ou qu'il soit mis en contact direct avec certaines substances déterminées, on n'obtiendra pas autre chose comme résultat que des phénomènes lumineux. Cela ne démontre-t-il pas que toutes les qualités sont des choses relatives, n'ont rien d'absolu, de réel en dehors de nos sens ou de la pensée? »

Et quant aux *qualités primaires* de la matière, comme la pesanteur, la résistance et l'étendue, auxquelles on attribuait jadis une existence encore plus absolue, M. Rayot les met sur le même pied que les autres ; elles n'ont pour lui rien d'objectif : « Eh bien, dit-il (2), il faut encore le déclarer, c'est une illusion. De quelle façon regarder la pesanteur ou la résistance comme des propriétés absolues, quand tel objet qui paraît lourd ou impose une résistance invincible à l'enfant, ne pèse point ou semble sans consistance pour un homme doué d'une plus grande force musculaire? Ici encore il est impossible de faire abstraction d'un élément absolument subjectif, savoir notre effort individuel, notre propre puissance, et la pesanteur comme la résistance n'existe que dans notre effort et par notre activité motrice. En ce qui concerne l'étendue, la chose est encore plus simple, et, quoi qu'en pense Descartes, il est impossible de la regarder comme formant l'essence des corps. En effet, l'étendue ne se sépare pas de la couleur, pas plus d'ailleurs que la couleur ne se sépare de l'étendue : par suite, comment faire de l'étendue une qualité absolue, objective, quand la couleur est toute subjective et relative? Bref, qualités primaires et qualités secondaires, toutes au même titre les unes que les autres, n'existent que par rapport à nous, c'est-à-dire qu'en nous. » Les objets ne

(1) M. Rayot, ibid, p. 145.
(2) M. Rayot, ib. p. 145, 146.

sont donc que des modifications des sens, détachés de nous par illusion et posés indûment comme des réalités extérieures distinctes de nous.

Voilà la plus formidable difficulté que nous jettent à la face les idéalistes. On ne nous accusera pas de l'avoir dénaturée ou de l'avoir exposée d'une manière peu loyale en lui enlevant toute sa force, qui est très grande. Mais on peut la résoudre.

Réponse. — Il faut bien en convenir : dans la sensation, la part du sujet sentant est très grande, car la sensation est d'autant plus vive que le sujet est mieux disposé, qu'il prête plus d'attention, et que les tissus des organes ont plus de finesse et d'élasticité pour saisir les vibrations du dehors (1). Mais il faut faire la part de l'objet senti, comme celle du sujet qui sent. La sensation n'est pas seulement une émotion, une impression organique : c'est toujours une connaissance expérimentale par le moyen d'une représentation d'objets déterminés, dans laquelle la conscience n'est souvent pour rien et qui, par conséquent, n'a d'autre cause que les objets extérieurs réels, puisque l'impression est réelle.

Pour M. Rayot, ce que les corps envoient au cerveau, ce ne sont pas des images, mais des mouvements qui ne ressemblent en rien au monde des corps. Mais c'est confondre deux causes bien distinctes : les objets transmis et le canal de cette transmission, qui s'opère par les vibrations du dehors et celles du dedans. La sensation est, si l'on veut, un mouvement vibratoire des sens produit par un autre mouvement de ce qu'on appelle l'air ou les molécules des corps ; par exemple le son d'une cloche est une série de vibrations de la cloche communiquées aux ondes de l'air qui, elles-mêmes, modifient l'organe de l'ouïe. Mais ces vibrations n'empêchent pas la cloche d'envoyer quelque chose d'elle-même (2), au moins une représentation sensible dans l'oreille ; car sans cela, comment distinguerait-on le timbre de telle cloche du timbre de telle autre? Et on peut raisonner ainsi pour les autres qualités. La sensation consisterait-elle dans un mouvement, il faudrait encore expliquer d'où vient ce mouvement ; quand il ne vient pas du dedans et se produit malgré nous, il faut bien alors qu'il provienne du dehors. Et comme il n'y a pas de mouvement sans objet mis en mouvement, pas plus que de rondeur sans objet rond, de lumière sans objet lumineux, de son sans objet sonore, ni, naturellement, d'étendue, de résistance sans objet étendu, résistant, nous ne connaissons pas seulement le mouvement du monde extérieur, mais encore toutes les autres qualités, et indirectement, par le moyen de ces qualités, tout ce qui fait le fond des êtres corporels inanimés. Le même

(1) D'après un célèbre oculiste et astronome viennois, la plupart des résultats discordants sont dus à l'imperfection des yeux, pour les couleurs ou les distances. Il faudrait voir un oculiste.

(2) Il y a pourtant le même nombre de vibrations à l'unisson.

objet ne produit des vibrations différentes sur le même homme ou sur plusieurs individus, que parce que les sens sont plus ou moins perfectionnés et que chaque sens a pour objet propre une qualité spéciale du même corps. Au fond, malgré les différentes manières de voir le même objet, tout le monde s'accorde pour voir quelque chose de coloré en blanc, quand on jette les yeux sur la neige ordinaire. Celui qui ne verrait alors rien du tout, serait un aveugle ; et nous ne parlons pas des aveugles : ce serait vouloir juger d'une belle horloge par une horloge détraquée.

Du reste, la théorie qui essaie de tout ramener au mouvement, du moins dans le monde des corps, le seul auquel on puisse l'appliquer, n'est pas encore, que nous sachions, une vérité acquise à la science. M. Berthelot lui-même voit dans les idées nouvelles un système qui tente de tout ramener au mouvement ; mais il n'ajoute pas que ces essais ont été couronnés de succès. Bien des signes annoncent plutôt la déconfiture prochaine des partisans de cette théorie, sans parler des expériences si probantes de Pasteur en faveur d'un principe vital indépendant de toute influence purement matérielle. Aussi bien, ils sont nombreux les savants qui se rient de cette théorie du mouvement, qui a un fort préjugé contre elle ; c'est d'être en opposition avec Aristote. Ce n'est pas sur elle qu'est bâtie la philosophie d'Aristote, dont saint Thomas (1) a soutenu avec vigueur la théorie. Et l'on peut opposer sans rougir cette théorie au nouveau système : à côté de lui elle ne fera pas trop mauvaise figure ; car M. Barthélemy Saint-Hilaire, — un juge compétent quand il s'agit d'Aristote, — proclame la théorie du philosophe grec sur la perception des corps, *la plus profonde* et *la plus ingénieuse de toutes* (2).

Les divergences de vue, les degrés de perfection dans la sensation peuvent donc tous s'expliquer par les dispositions du sujet ; ils n'enlèvent à l'objet rien de sa réalité ; et tant que les sens sont aptes à saisir les objets extérieurs, ils les perçoivent assez, malgré les nuances de la sensibilité, pour que tous les hommes qui voient un rocher puissent dire que ce rocher existe réellement.

Cet accord unanime d'hommes si différents l'un de l'autre sous le rapport des sens, démontre qu'il y a des objets réels en dehors des sens et que la sensation n'est pas une chose purement subjective, c'est-à-dire relative.

---

(1) S. Thom. Qq. disp. de Pot. q. 3, a. 7. Si le mouvement supprimait les corps extérieurs, « en sentant la chaleur, on ne sentirait pas pour cela la chaleur du feu, ni le feu chaud. »

(2) Le Dr Franck dit à ceux qui admettent même la matière mise en mouvement comme cause réelle des sensations (c'est la théorie mécanique) : « Eh bien ! cela, nous n'en savons rien. »

Pour M. Duhem, la théorie mécanique n'est pas du tout la physique.

Les savants sont donc loin de s'entendre sur la théorie du mouvement.

De plus, il répugne de croire qu'avant la création de l'homme, le monde n'existait pas, ce qui est contredit par tous les géologues, pour lesquels l'existence du monde, avant l'apparition du premier homme, se chiffre par milliers de siècles ; on le regarde du moins comme un axiome inébranlable. Le téléscope n'a pas créé davantage le monde sidéral qu'il découvre.

Quant aux expériences de Müller dont se prévaut M. Rayot, elles ne prouvent rien contre la réalité des objets extérieurs. On peut expliquer en effet les résultats obtenus par Müller sans recourir à la non-existence des objets coloriés ou sonores, etc. Admettons qu'un courant électrique produise un effet lumineux sur la rétine de l'œil, un son sur le tympan de l'oreille, un picotement sur l'épiderme de la peau humaine. M. Rayot oublie de nous dire quel est l'objet lumineux qui est représenté dans les yeux, quel timbre a le son qui frappe alors l'oreille, quel état physique parmi les états solides, liquides ou gazeux est signalé par le picotement dû au courant électrique. Nous savons pourtant, par une expérience de tous les jours que ne détruiront pas les expériences de Müller, que ces deux choses sont toujours associées ensemble dans la sensation : la lumière avec tel objet lumineux ; le son avec le timbre de tel corps sonore ; le picotement avec tel corps chaud ou froid, solide, liquide ou gazeux. Il n'y a pas de lumière, de son, de saveur en général, mais telle couleur, tel son, telle saveur, etc. Et les couleurs n'existent pas ou ne sont pas ressuscitées chez l'aveugle-né, car nous savons que les aveugles-nés n'ont aucune sensation des couleurs.

Supposons encore que le courant électrique détermine un effet lumineux spécial à l'électricité, un son *sui generis*, un picotement sans analogie avec les autres sensations du toucher, ce qu'il faudra en conclure alors, c'est que l'électricité est une de ces qualités qui, comme l'étendue, peuvent être saisies par plusieurs sens simultanément : on les appelle *le sensible commun*.

Et bien loin de prouver en faveur de l'idéalisme, ce groupe de sensations produites par un courant unique et extérieur tourne contre les idéalistes, parce que le témoignage de tous les sens affectés différemment par le même objet prouve que cet objet n'est pas un rêve, une imagination.

Il faut même plus de réalité pour agir sur tous les sens à la fois que pour agir sur un seul. Et si on accepte souvent le témoignage d'un seul témoin, pourquoi celui de plusieurs deviendrait-il suspect ici ?

Le courant électrique peut tout au plus ressusciter des choses déjà vues ou entendues. Le génie ne peut faire davantage : en inventant, il se contente de ranimer d'anciennes sensations.

L'exemple du bras vigoureux dont parle M. Rayot ne prouve pas davantage contre les qualités primaires, que les expériences de Müller et les nuances de sensibilité chez les divers sujets sentants ne prouvent contre l'existence des qualités secondaires.

De ce qu'une force est neutralisée par une autre, comme dans les plateaux d'une balance, il ne s'ensuit pas que cette force n'existe pas : neutraliser n'est pas détruire. Si dans tel cas particulier et pour tel sujet sentant, un objet n'a pas de résistance bien sensible, cette résistance existe dans des temps différents ou pour d'autres sujets semblables : on peut dire que ce qui n'est pas un poids pour l'adulte est un réel fardeau pour l'enfant ou le vieillard.

Cette réalité des objets, on peut même l'apprécier par des instruments perfectionnés qui viennent au secours des sens de l'homme, ou même par les sens de certains animaux plus sensibles que nous aux influences du dehors. C'est ainsi que le thermomètre marque des degrés de chaleur imperceptibles pour la main de l'homme ; c'est ainsi que la plaque phothographique est impressionnée par l'ultra-violet, dans lequel nous ne pouvons voir comme le fait cependant l'insecte aquatique appelé *daphnia pulex*.

Pour la résistance en particulier, ce qui ne demande aucun effort de l'homme, écrase un chétif insecte. Un objet soulevé facilement par un moucheron devient une montagne pour un microbe. Un ressort pressé trahit la résistance et mesure la force musculaire qui la neutralise.

Dira-t-on maintenant que les corps n'ont aucun poids sinon pour nous ?

Ne suffit-il pas qu'ils pèsent pour d'autres êtres semblables à nous?

Et tous les hommes valent-ils plus que des moucherons pour soulever une montagne ?

Il y a donc une résistance absolue pour tous, parce qu'elle est dans les objets, du moins dans certains objets.

C'est pour cela que malgré les variations de la sensation, il n'y a pas deux physiques mais une seule fondée sur une réalité extérieure.

Il est donc certain pour tous les hommes, que le monde extérieur existe indépendamment de nos sensations et qu'on peut le connaître avec certitude directement, soit dans ses qualités primaires, soit dans ses qualités secondaires par ce raisonnement qui est l'expérience.

Nous sommes donc en droit de conclure avec le Dr Franck (1) : « Nous savons et nous pouvons affirmer, malgré les idéalistes, que derrière ce qui est pour nous la sensation de chaleur et de froid (et à plus forte raison celle d'étendue), il y a quelque chose, il y a quelque propriété de « substance », c'est-à-dire d'une réalité

(1) Dr Franck, analyse de M. Cochin, Monde externe. Extrait du journal *L'Univers*.

objective existant en dehors de nous ; et poursuivant plus loin l'étude des phénomènes qui nous provoquent ces sensations, nous arrivons à bâtir une *théorie de la chaleur*, c'est-à-dire à trouver les lois générales, — dans l'espèce, il y en a *deux* — qui régissent ces phénomènes. »

On ne peut donc pas dire avec Schopenhauer : « Le monde est ma représentation. » Ni avec Taine, que les corps sont « des possibilités permanentes de sensations. »

Et nous n'avons pas plus le droit de nier les qualités physiques de la matière sous le fallacieux prétexte qu'elles sont quelquefois imperceptibles pour nous, qu'un aveugle n'a le droit de nier l'existence de la lumière parce que lui-même ne la voit pas. Dans la longue chaîne des êtres sensibles qui existent ou peuvent exister, il y en a quelques-uns qui 'perçoivent ou pourront percevoir ce que nous ne sentons pas, et cela suffit pour sauvegarder la réalité de la matière physique, quand même on supposerait qu'il faut à tout prix l'association des sens avec la matière pour constituer des qualités réelles extérieures. Mais si la matière est nécessaire pour produire la sensation, il n'est pas vrai que la sensation soit nécessaire pour l'existence de la matière, indépendante de tout organisme et toujours perceptible, quoiqu'elle ne soit pas toujours perçue (1).

Les sens ne sont requis que pour la connaître, non pour la créer, ce qui est impossible. Si la raison seule suffisait pour la connaître, « ce serait un grand argument, dit Cochin, en faveur de l'idéalisme » ; mais, d'après les idéalistes eux-mêmes, il n'y a pas de communication possible entre la matière et l'esprit.

Et voilà à quoi se réduisent les objections des idéalistes. Elles s'en vont en fumée et le monde continue d'exister.

3° — N'aurions-nous pas convaincu d'erreur les idéalistes, comme nous croyons l'avoir fait, il leur resterait encore une ressource : c'est la doctrine séculaire de l'Eglise catholique sur l'existence réelle du monde extérieur. Et il faut bien reconnaître que le catholicisme seul peut mettre fin à ce débat par l'autorité avec laquelle l'Eglise prescrit à tous les siens d'admettre comme une vérité certaine, si elle n'est pas une vérité de foi, l'existence réelle des corps en dehors de l'esprit qui les conçoit ou de l'œil qui les voit ou de la main qui les touche. Il n'y a pas d'ordre formel, mais on le tire des définitions.

L'intervention de l'Eglise en cette matière paraît être plus avantageuse que jamais, vu le nombre toujours croissant des idéalistes, les difficultés sérieuses qu'ils présentent au nom de la science, les grands noms derrière lesquels ils s'abritent de nos jours (2), et

(1) Voir pour plus de détails les solides réfutations de l'idéalisme qu'ont faites les Sulpiciens Farges et Dubosq.

(2) Le savant et pieux abbé de Broglie était resté, on ne sait trop pourquoi, kantiste au point de vue de la perception externe.

enfin les concessions excessives faites à l'idéalisme, pour les qualités secondaires, par ceux-là mêmes qui, comme Reid et M. Cochin, ont porté les plus rudes coups à l'idéalisme moderne.

Reid, en effet, accorde aux idéalistes que la couleur, l'odeur, le goût et autres qualités secondaires sont des phénomènes purement subjectifs et que la douleur ne ressemble en rien à la pointe de l'épée qui l'a produite, comme si la plaie n'avait pas la même longueur !

Quant à M. Cochin, il explique par le mouvement les qualités secondaires auxquelles il n'accorde pas de réalité objective, quoiqu'il conserve leur réalité aux qualités primaires, que la raison seule connaît d'après lui. Mais le motif qui a fait le plus d'idéalistes c'est, sans contredit, ce raisonnement de Berkeley, rajeuni par M. Taine et accepté sans contrôle par une foule de philosophes contemporains, même parmi les matérialistes : l'hypothèse des corps extérieurs n'est pas nécessaire à la production des idées ; car si dans les rêves et la folie nous sommes capables d'avoir toutes les idées : celles de livre, de montagne, etc., pourquoi ne pas expliquer par une hallucination perpétuelle la perception des corps auxquels le vulgaire attribue une existence extérieure, comme autrefois, avant Galilée, il attribuait le mouvement au soleil, au lieu de faire tourner la terre ?

Ce sophisme qui applique à l'état normal ce qui est le fait d'un état maladif ou anormal, en imposa à Lamennais lui-même. Il en imposait aussi à Moleschott et à Amiel.

« Sans un œil qui le voit, dit Moleschott, sans une main qui le touche, un chêne n'existe pas. »

« Un paysage, dit le second, est un état d'âme. »

Telle est aussi la doctrine de M. Rayot, qui, entre autres qualités, possède celles de parler clairement et de faire des analyses pleines de finesse, mais qui fait ici un sophisme.

Que croiront sur un point si important nos contemporains, au milieu de toutes ces contradictions, tiraillés qu'ils seront en sens opposé par le bon sens et par les représentants officiels de la philosophie ? Car enfin, il ne faut pas se le dissimuler, le problème de l'existence réelle des corps est d'une importance capitale, le fait de l'existence des corps servant de point de départ à la science pour ses conclusions : c'est la majeure d'un syllogisme qui ne peut conclure au réel qu'en s'appuyant sur la réalité des corps extérieurs, a dit M. Cochin.

Mais rassurons-nous. L'Église confirme ici le bon sens dans ses affirmations par la philosophie catholique (1).

Celle-là n'est pas contradictoire. A ses yeux, le problème de la certitude de l'existence réelle du monde externe est un fait évident,

(1) C'est la philosophie de saint Thomas, philosophie que Pie IX, parlant de Sansévérino, appelait, le 22 janvier 1870, *la vraie philosophie.*

primitif, relevant des sens et du bon sens ; et les qualités secondaires ou primaires ont une réalité objective si certaine que cette réalité peut subsister miraculeusement même en dehors de la substance affectée, signifiée par ces qualités ou accidents.

Que dit l'Eglise ? Elle se garde bien de recourir comme Descartes à la véracité de Dieu pour établir la réalité du monde physique ; ce serait une anticipation peu légitime tant qu'on s'adresserait à d'autres qu'à des chrétiens ou à des théistes. Avec MM. Cousin, Cochin et Franck, elle blâme comme une faute ce procédé, estimant qu'on ne peut établir, sans cercle vicieux, la véracité divine par l'existence des corps et réciproquement le monde physique par la véracité de Dieu.

Pour elle, il n'est ni nécessaire ni légitime d'aller chercher si loin ce qu'on trouve tout près dans l'évidence du fait de l'existence réelle des corps.

Elle s'est expliquée ouvertement et à plusieurs reprises en ce sens, et cet enseignement continue à retentir dans les églises catholiques comme une doctrine inséparable de la vérité révélée que prêchait saint Paul (1) lorsqu'il disait : « Ce qu'il y a d'invisible en lui-même est vu, depuis la création du monde, à travers les choses qui ont été faites. » Si le spectacle visible de ce bel univers est nécessaire pour élever à la connaissance de Dieu, l'Eglise ne pouvait pas se désintéresser du problème de l'existence et de la certitude d'un monde matériel qui publie la gloire de Dieu : « Cœli enarrant gloriam Dei », parce qu'il fut créé par Lui et pour Lui, comme l'affirme encore l'Ecriture.

Aussi ses docteurs, ses prédicateurs, ses Conciles, ses catéchismes et ses Papes se sont toujours prononcés en faveur de la réalité de la matière ou l'ont toujours supposée comme un principe premier que personne ne doit et ne peut contester qu'au préjudice de la raison ou de la foi.

Saint Augustin (2), ce génie philosophique et théologique, a écrit contre les académiciens qui niaient cette vérité ou la révoquaient en doute : « Je crois, disait-il, que les sens ne peuvent être accusés sous prétexte que les fous furieux éprouvent de fausses imaginations ou sous prétexte que nous voyons des choses fausses dans nos rêves. En effet, puisque les sens ont rapporté des choses vraies à ceux qui sont à l'état de veille, ce que peut s'imaginer un dormeur ou un insensé ne les atteint en rien. »

Pour le grand docteur, les sens sont des *émissaires corporels* qui rapportent du dehors des objets réels ; et le rêve ou la maladie ne doivent pas être mis ici en ligne de compte.

Plus tard, un autre génie théologique, saint Thomas d'Aquin,

(1) S. Paul aux Romains, I, 20.
(2) S. Augustin, Liv. III, contr. Acad., c. xi, n° 25.

un des plus fidèles disciples de saint Augustin, soutient dans une foule d'ouvrages la même doctrine.

Contentons-nous de citer deux ou trois passages du Docteur angélique (1).

« On trouve, dit-il, quelque objet des sens dans la nature des choses réelles. »

« La sensation, dit-il encore, a lieu dans la motion même produite par les objets sensibles extérieurs ; c'est pour cela que l'homme ne peut pas éprouver de sensation sans le sensible extérieur, pas plus qu'une chose ne peut être mise en mouvement sans un moteur (voilà pour le mouvement des idéalistes). Donc l'organe du sens est mû et il est passif quand il sent, mais cela vient du sensible extérieur. Ce qui prouve clairement que c'est le sens qui est alors passif, c'est que rien de ce qui est privé des sens ne souffre de cette manière à l'occasion des choses sensibles. »

C'est pour cela qu'un aveugle-né n'a aucune sensation ni aucune idée des couleurs.

Pour saint Thomas, les sens ne trompent pas, même dans l'Eucharistie, quand ils montrent une quantité colorée, parce que les accidents restent ; et c'est là l'objet des sens.

Or, on sait le cas que les Conciles ont fait toujours de la doctrine du prince des théologiens : il fut regardé presque comme le président des conciles de Lyon, de Vienne, de Florence, du Vatican ; et lui seul parmi les docteurs catholiques a eu l'honneur de voir sa Somme théologique placée à côté de la Bible pour qu'elle fût la lumière des Pères du concile de Trente.

La doctrine de saint Thomas est donc, on peut le dire, la doctrine catholique sur cette matière comme sur tant d'autres.

C'est du reste ce qu'affirmait le pape Urbain V (2) quand il enjoignait à l'Université de Toulouse « de suivre comme vraie et catholique la doctrine du bienheureux Thomas. »

Telle est encore la doctrine de tous les Pères et de tous les Docteurs de l'Eglise, quoiqu'ils n'aient guère parlé que des qualités ou accidents eucharistiques. Voilà pourquoi le cardinal Zigliara dit avec raison que cette explication récente des accidents du pain et du vin par des apparences purement subjectives et non réelles et objectives, « a contre elle l'autorité unanime et vénérable des Pères et des Docteurs de l'Eglise. »

Pour les scolastiques, ils ont soutenu également, à l'exemple des Pères, dit Léon XIII, « que l'intelligence humaine ne s'élève à la connaissance des êtres privés de corps et de matière qu'en partant de choses sensibles. »

Les prédicateurs tiennent le même langage que les Docteurs.

(1) S. Thomas d'Aquin, Contr. Gent. IIe vol. Trad. Ecaill. p. p. 72-49.
(2) B. Urbain V. Bulle Laudabilis.

« Assurément, a dit le R. P. Etourneau, à Notre-Dame (3e conférence de 1898), nos idées ont une base dans le monde extérieur,
elles y correspondent à des réalités physiques. Je pense que vous
admettez encore cette vérité et je croirais vous faire injure si je
m'attardais à réfuter devant vous le pyrrhonisme. »

Puis il prouve que l'âme a deux opérations, l'une qu'elle accom-
plit par des organes corporels : c'est la perception sensible des
objets extérieurs ; l'autre qui est accomplie sans organe corporel :
c'est la pensée, qui abstrait ou dépouille les objets de toutes les
conditions particulières pour ne conserver que leurs caractères
universels ou généraux, communs à une infinité d'objets semblables.
« Or, continue-t-il, il est évident que, pour abstraire, l'âme doit
opérer sur des réalités, ça n'abstrait rien du néant, — que pour
généraliser elle doit classer ces réalités suivant leurs similitudes.
Mais.., c'est aux sens qu'il appartient de connaître les réalités à
l'état singulier et de nous en apporter l'image. Le travail de la
raison exige donc toujours le travail préalable des sens et si les
sensations et les images ne sont pas les causes suffisantes de la
pensée, elles en sont néanmoins les conditions nécessaires. Ainsi
le point de départ de toutes nos connaissances naturelles c'est la
matière. La matière, mise en contact avec notre corps, nous cause
une impression physique, l'impression produit la sensation, la sensation donne l'image et l'image devient l'idée. Voilà notre mode de
compréhension. Nous partons de la matière, parce que nous sommes des êtres matériels et nous aboutissons à quelque chose de spirituel, parce que nous sommes des êtres immatériels. » On pourrait
ajouter avec lui, que nous saisissons beaucoup mieux les choses
matérielles que les spirituelles. C'est vrai surtout des objets propres au toucher dont Charles de Rémusat a dit à cause de cela : « Le
toucher est le garant de l'existence du monde. » C'est que l'étendue
sert de support aux autres qualités et que l'étendue est l'objet du
toucher.

Une autre raison, c'est que tous les sens sont fondés sur le toucher, répandus dans tout le corps et mis en contact direct avec le
monde extérieur. Les autres sens ne sont qu'un toucher perfec-
tionné : « La vue, a-t-on dit, est un toucher lointain. »

Telle est encore la doctrine enseignée par nos Universités catholiques. L'Eglise catholique ne s'est pas exprimée moins clairement
par ses Conciles généraux, sans parler de ses symboles.

Le Concile du Vatican présuppose évidemment l'existence réelle
de la matière lorsqu'il dit « anathème à celui qui dira que Dieu
n'est pas le Créateur et le Maître des choses *visibles* et invisibles ;
anathème à celui qui en dehors de l'existence de la matière, n'ad-
mettra pas l'existence d'autres êtres ; anathème à quiconque dira
que les choses finies, corporelles ou spirituelles, émanent de la
substance de Dieu ; anathème enfin à celui qui ne confessera pas

que le monde et toutes les choses qu'il renferme, les êtres spirituels et les êtres matériels, n'ont pas été produits du néant par Dieu dans toute leur substance. »

Puis il anathématise « ceux qui prétendent que la révélation divine ne peut pas être rendue croyable par des signes extérieurs. »

Mais les conciles qui ont porté le coup le plus mortel à l'idéalisme cartésien sont sans contredit ceux de Trente et de Constance. Blessé à mort, l'idéalisme n'a pu que se traîner languissant depuis. Et s'il a encore quelque crédit, à coup sûr ce n'est pas parmi les catholiques, à moins qu'ils n'ignorent, sur l'existence réelle des qualités physiques, les décisions définitives de l'Eglise qui, d'après tous les théologiens, a fait un dogme de foi de la persistance des accidents ou qualités sensibles eucharistiques même lorsque leur substance naturelle qui fait le pain et le vin, a disparu par l'effet de la puissance de Dieu, après la consécration.

Que les accidents eucharistiques ou espèces, c'est-à-dire la couleur, le goût et l'odeur du pain et du vin subsistent dans l'Eucharistie et subsistent sans leur sujet naturel qui est la substance, c'est là un dogme de foi pour tous les catholiques. Plusieurs docteurs catholiques comme Valentia et Soto, voient même dans cette proposition : « Les accidents de l'Eucharistie subsistent sans aucun sujet » une proposition de foi catholique qu'on ne peut nier sans être hérétique. Ainsi, que ce sujet soit le corps de Jésus-Christ, ce qui répugne au corps inaltérable de Jésus glorifié, — ou qu'il soit l'air ambiant, ou enfin qu'il soit le sujet sentant dont ces accidents, comme le veut Descartes, ne seraient que les modifications qu'un miracle rendrait permanentes : les conciles l'excluent absolument, disent ces docteurs.

A quelque substance qu'adhèrent ces espèces, dès qu'elles ont un sujet quelconque, on ne peut, disent-ils, sauvegarder le sens littéral et véritable de ces mots de l'Office du Saint-Sacrement : « Les accidents y subsistent sans sujet », ni échapper à la condamnation dont le concile de Constance a frappé cette affirmation de Wicleff : « Les accidents du pain ne restent pas sans sujet dans ce même Sacrement. »

Admettons seulement avec les docteurs de Salamanque et plusieurs autres que le « *manentibus duntaxat speciebus panis et vini,* les espèces seules du pain et du vin demeurant » du concile de Trente n'est un dogme de foi que par rapport à la disparition de la substance du pain et du vin et que ce n'est qu'une erreur théologique et non une hérésie de dire que les accidents eucharistiques subsistent dans le sujet sentant ou dans l'air. C'est là du moins, disent les docteurs de Salamanque « une proposition erronée, téméraire et scandaleuse, parce qu'elle est en opposition avec le sentiment commun des fidèles. »

Quant à la permanence et par conséquent à l'existence de la dimension eucharistique en particulier, qui est comme le support des autres accidents, Suarez, un des grands théologiens catholiques, celui dans lequel, d'après Bossuet, on entend toute l'Ecole, Suarez veut qu'on s'en tienne absolument à la distinction de la quantité d'avec sa substance, parce que si cette distinction, qui donne une réalité véritable et indépendante à la quantité sacramentelle, ne peut pas être prouvée suffisamment par la raison, les principes théologiques démontrent qu'elle est réelle, surtout à cause du mystère de l'Eucharistie.

De plus, comme s'exprimait Babin, doyen de la Faculté d'Angers : « L'on ne peut s'abstenir de dire qu'il est très difficile (1) d'accorder avec la croyance de l'Église Romaine le sentiment des Cartésiens ; de quelque manière qu'ils l'expliquent, il nous paraît contraire à la doctrine du concile de Trente qui dans la session 13, chap. 3, dit, que *l'Eucharistie est un signe d'une chose sacrée et une forme visible de la grâce invisible*, dans le canon 4, que *le corps de Jésus-Christ est d'une manière permanente dans les hosties consacrées qu'on réserve après la communion* ; dans le chap. 6, que *la coutume de conserver* l'Eucharistie dans le Tabernacle était établie dès le siècle du premier concile de Nicée. Je demande aux Cartésiens si tout cela peut se dire raisonnablement des impressions faites sur nos sens, des actions de nos sens ou de pures apparences. Ils voient bien que non. Et il faut de nécessité qu'ils conviennent que ce que le Concile dit, ne peut s'appliquer qu'à quelque chose de réel, qui était dans le pain et le vin, qui est resté après la consécration : Or il ne demeure rien de la substance du pain et du vin... C'est pourquoi nous disons que les espèces... sont de véritables et réels accidents du pain et du vin, qui avaient pris leur existence dans la substance du pain et du vin, qui conservent cette même existence après la transsubstantiation. »

Telle est la doctrine des Conciles, d'après ses plus doctes interprètes.

Les catéchismes ne pouvaient manquer d'apporter leur tribut à cet enseignement universel. Ils l'apportent par le Catéchisme du Concile de Trente, le modèle de tous les catéchismes, qui fut édité par les ordres de Pie V.

« Comme ces accidents (2) y lisons-nous, ne peuvent adhérer au corps et au sang de Jésus-Christ, il ne reste à dire que ceci : c'est qu'ils se soutiennent eux-mêmes sans aucune autre chose qui les appuie, et cela d'une manière surnaturelle. Telle a toujours été la

---

(1) Il faut regarder cette conciliation comme impossible, puisqu'il est certain que l'Eucharistie reste Sacrement, c'est-à-dire signe sensible, même lorsqu'elle est soustraite aux regards et enfermée dans le Tabernacle ; or, elle n'est sensible que par les espèces, la seule chose qui reste alors du pain.

(2) Catéchisme du Conc. de Trente, 2ᵉ partie, xliv.

doctrine constante de l'Eglise catholique, doctrine qu'il serait facile de confirmer par l'autorité des témoignages déjà apportés plus haut. »

Enfin, nous devons apporter à l'appui de cette vérité de l'existence réelle des corps, les exhortations pressantes, les ordres de Léon XIII à étudier, à commenter la philosophie de saint Thomas et la scolastique, qui s'appuient d'abord pour raisonner, sur les faits réels du monde matériel ; et nous pouvons encore appuyer cette vérité sur la condamnation de cette proposition qu'on lit dans le Syllabus ou résumé des erreurs modernes condamnées : « La méthode et les principes d'après lesquels les anciens docteurs scolastiques ont cultivé la théologie, ne conviennent plus aux nécessités de notre temps et au progrès des sciences. » Or c'est de l'existence du monde visible que part la scolastique comme d'un principe évident, d'une base universelle en philosophie.

Concluons. L'existence réelle du monde physique extérieur est donc une vérité absolue et incontestable. Le bon sens après les sens l'affirme. Les idéalistes ne l'infirment pas. L'Église le confirme ; et c'est fort heureux pour la masse des hommes, disait Gratry : il leur faut une doctrine toute faite et qui ne soit pas contradictoire comme celle des philosophes. Dès les premiers pas, sans cette autorité, on glisserait dans le scepticisme universel.

II. — *Nature du monde physique.*

Il y a des corps : c'est évident avant tout jugement de l'esprit. Le problème de l'existence réelle du monde inorganique étant résolu, nous devons aborder un second problème, celui de la nature de ce monde physique privé de toute manifestation de la vie.

Qu'est-ce que le monde physique, c'est-à-dire cette terre qui nous porte et nous nourrit, ce soleil et ces astres étincelants qui nous éclairent, cet air que nous respirons à pleins poumons ? Tel est le sujet que nous avons à étudier, mais cette fois à la lumière de la raison plus encore que de l'évidence des perceptions sensibles; car sans le secours du raisonnement et de cette métaphysique si dédaignée par une certaine école, on ne saurait presque rien de la matière, sans parler du monde des esprits. Et en plus d'un endroit, la raison elle-même, si elle ne fait appel à la foi, hésite à se prononcer, à avancer, comme si elle craignait de s'égarer en s'aventurant, sans un guide céleste, dans des régions sacrées et ténébreuses. Ici encore la foi affermit la raison. Sans elle, la science ne marche guère qu'à tâtons, comme un aveugle.

Et pourtant, s'il est un terrain sur lequel les sens et la raison peuvent se croire chez eux, c'est bien le monde physique, le plus accessible aux investigations de la science qui, grâce à de récentes et magnifiques découvertes, peut se glorifier aujourd'hui d'avoir arraché à la nature une foule de secrets importants qu'elle tenait cachés pour nos pères.

L'étude de la nature physique est l'objet de plusieurs sciences‘ qui se sont partagé le monde minéral comme on partage un royaume en plusieurs provinces. On comprend que nous ne puissions donner ici qu'un résumé succinct de ces sciences physiques fondées sur les expériences ou l'observation ; car notre étude philosophique ne peut ici qu'effleurer les sujets qui, comme les qualités physiques, n'entrent pas dans la constitution essentielle des corps, mais les accompagnent comme des accidents accompagnent la substance ou comme un vêtement accompagne celui qui le porte.

Pour que cette étude soit pourtant aussi complète que possible et puisse dispenser ceux qui n'en ont pas le loisir, de faire de longues recherches, nous montrerons d'abord que le sujet est de la plus *haute importance*, pour le croyant plus encore que pour les autres, pour lesquels l'étude de la nature peut être quelquefois dangereuse. Puis nous nous occuperons des principales *qualités physiques* de la matière et nous étudierons *l'espace*, le *temps*, les *lois physiques*, *l'essence* ou *substance* des corps inanimés. De tous les systèmes inventés pour expliquer la nature physique, la philosophie catholique est seule à donner la vraie solution du problème ou du moins la solution qui se rapproche le plus de la vérité ou qui satisfait le plus l'esprit. Il sera facile de le prouver. Voilà tout notre plan.

(1°) *Importance de l'étude du monde physique.*

C'est une étude *très intéressante*, *très utile* et même *très nécessaire* que celle de la matière privée de la vie mais entretenant toute vie.

**

1° *Etude très intéressante.*

C'est un sujet très intéressant que ce ciel qui nous couvre comme d'un magnifique pavillon d'azur, du fond duquel se détachent, comme des lustres d'or, des millions d'étoiles gigantesques qui se meuvent avec une lenteur majestueuse et la régularité d'une horloge.

Quel beau spectacle que celui du lever et du coucher du soleil et de la lune, que celui des marées montantes et descendantes, que celui des sept couleurs de l'arc-en-ciel ! Quelle magnificence terrible dans les mugissements de la tempête, dans les fracas de la foudre, dans les éclairs qui sillonnent subitement la nue, dans les aurores boréales, dans les tremblements de terre, dans les éclipses et les halos, dans les éruptions volcaniques et dans les apparitions ou les disparitions de ces comètes à longues traînées de lumière !

Les merveilles de la nature s'étalent à tous les yeux, la nuit comme le jour, dans les profondeurs des couches terrestres comme au sommet des plus hautes montagnes ; car à mesure que l'on creuse le sol plus profondément, on y découvre les cristaux et les métaux les plus brillants comme les plus précieux ; et la beauté des cristaux de neige ou de glace sur les hautes cimes, rivalise avec celle des feuilles de fougère ou des travaux d'art les plus perfectionnés.

Voilà ce que les plus ignorants comme les plus savants peuvent admirer ; ce qu'ils ne se lassent jamais d'admirer ; parce que tout homme est naturellement curieux, ami du beau, du grandiose : ce qu'il ne s'explique pas, il l'admire en en cherchant l'explication.

Aussi, dès le berceau du genre humain, l'étude de la nature fut en honneur. Avant d'être psychologues, les premiers hommes furent astronomes ou chantres des beautés de la nature physique.

« En ces siècles primitifs, dit M. Cochin (1), les hommes s'inquiétaient moins d'eux-mêmes que du monde ; ils ne considéraient pas, au moyen de la conscience, le dedans de leur âme, mais ouvraient les yeux sur le dehors. Quel est ce monde? Quels en sont les éléments? Comment ces éléments se sont-ils combinés ? Telles étaient les questions auxquelles les anciens sages essayaient de répondre. L'homme les intéressait moins que la terre, l'océan et le ciel ; ils s'occupaient peu de cet être chétif, accident passager dans le cours de la grande nature. »

Les philosophes les plus célèbres n'ont pas dédaigné l'étude de la nature ; et l'un des plus grands, pour ne pas dire le prince des philosophes de l'antiquité, Aristote, a écrit des traités très étendus sur le ciel et le monde matériel, tout en étudiant à fond la dialectique et les facultés de l'âme.

Dans un siècle passionné comme le nôtre pour les sciences physiques, le problème n'a rien perdu de son intérêt. Celui-ci va même sans cesse grandissant depuis que la nature est mieux étudiée et mieux connue. Et ces progrès, nous les devons surtout aux nombreuses découvertes dont se glorifie à bon droit notre siècle. Ces découvertes permettent à la science d'élargir prodigieusement l'horizon de ses connaissances, soit dans le monde des infiniment grands soit dans celui des infiniment petits, — pour parler le langage usuel, car il n'y a pas d'infini véritable dans le monde des corps.

Grâce à Newton, on connaît la valse des étoiles et les lois auxquelles elle semble obéir. Grâce à Copernic et à Galilée, on sait que la terre tourne autour d'elle-même et autour du soleil par un double mouvement dont l'un est diurne, l'autre annuel. Haüy a trouvé les lois des cristaux, lois qu'on ne se lasse jamais d'admirer.

La science enregistre encore avec orgueil les découvertes de la photographie après celles de l'imprimerie. Elles permettent de reproduire exactement la nature ou de vulgariser rapidement les connaissances de cette nature et les inventions du génie. Les chemins de fer, le télescope, le microscope, le télégraphe, le téléphone, les machines électriques, les bateaux à vapeur, le spectre, etc., sont autant d'auxiliaires puissants pour les sciences physiques.

____

(1) M. Cochin. Monde extérieur pp. 42, 43.

Voilà ce qui en augmente encore l'intérêt en en multipliant les beautés.

Il est particulièrement intéressant d'apprendre qu'il n'y a que soixante-dix corps simples environ dans le monde entier, c'est-à-dire que tous les corps se réduisent à ces soixante-dix ou à leurs combinaisons nombreuses, soit à l'état solide, soit à l'état liquide, soit à l'état gazeux, le plus parfait des trois. Les rayons du spectre nous révèlent dans le soleil presque tous les corps que nous trouvons sur la terre, et le microscope nous les montre jusque dans le sang de nos veines.

On aime encore à savoir que le nombre des étoiles connues dépasse quarante millions ; qu'il y a des éruptions d'hydrogène dans le soleil ; que la lune renferme des montagnes très élevées et une foule de cratères volcaniques ; que, grâce à la balance de Cavendish et à d'autres instruments perfectionnés, on peut peser la masse des étoiles comme on mesure leur volume et comme on calcule leur distance respective.

La géologie, de son côté, nous enchante par ses couches terrestres, dans lesquelles elle nous fait lire comme dans les pages d'un livre, les révolutions d'époques qui se chiffrent par milliers d'années, les catastrophes nombreuses et terribles qui ont bouleversé le sol, qui ont englouti des milliers d'êtres vivants ou des espèces entières. Nous savons que la terre qui nous porte ressemble de tous points à un édifice grandiose à plusieurs étages. Le terrain primitif, qui se retrouve partout, même au fond des mers, est disposé en couches horizontales de gneiss ou de micaschistes souvent rompues par des éruptions de granit ou de porphyre, quand ces éruptions ne se contentent pas de donner aux couches supérieures la forme de mamelons ou de vagues solidifiées. Au-dessus s'étagent les terrains à fossiles ou zoïques, à partir du primaire jusqu'au quaternaire. Celui-ci est le dernier étage, celui de la surface terrestre : c'est comme le faîte du palais ou plutôt comme le piédestal de l'homme, ce roi de la création.

D'un autre côté, la chimie nous ménage d'agréables surprises. Ce sont celles de ses combinaisons régulières, celles des formes ou plans géométriques que prennent les cristaux sans le secours d'aucun tailleur de pierres ou d'aucun joaillier, ces cristaux éclatants sur lesquels la lumière (1) a des reflets si splendides.

Tel est l'intérêt qui s'attache à l'étude de la matière inanimée.

***

2° *Etude très utile.*

Les sciences physiques ne sont pas un simple objet de curiosité qu'on puisse abandonner aux désœuvrés pour occuper leurs loisirs.

(1) Voir M. de Lapparent, Minéralogie, 2ᵉ éd. fin. grav.

Leur étude offre plus que de l'intérêt ; elle est d'une grande utilité pratique, particulière ou publique.

On aurait donc grand tort de les négliger, car ce serait au détriment de la foi comme de toutes les sciences naturelles. Celles-ci reposent toutes sur les données des sens dont l'objet propre est le monde matériel avec ses couleurs, ses sons, ses odeurs, ses saveurs, ses formes géométriques à trois dimensions et ses mouvements divers. Ce n'est que par leur comparaison avec les corps bruts qu'on se fait une idée des êtres vivants ou même des esprits : la vie étant représentée comme un mouvement intrinsèque, un développement venant du dedans ; et les esprits tirant leur nom de ce qu'il y a de plus subtil dans le monde physique, de l'air mis en mouvement, du vent en un mot, *spiritus*.

Tel est le langage de la plus saine philosophie, fondée sur l'expérience journalière.

Aussi les philosophes scolastiques, à la suite de S. Thomas et du B. Albert le Grand, qui marchaient eux-mêmes sur les traces des Pères de l'Eglise, ont-ils donné un temps considérable à l'étude de la nature physique, comme l'a fait observer Léon XIII pour fermer la bouche à ceux qui accusent injustement la scolastique d'empêcher le progrès des sciences. Et cette conduite était entièrement conforme à leurs principes, comme le fait encore remarquer le même pape (Encycl. Æterni. Patr.).

« Il nous plaît, dit-il, de donner en cette matière cet avertissement, que ce n'est que par une injustice très grave qu'on accuse cette philosophie de mettre obstacle à l'avancement et au progrès des sciences naturelles. En effet, les scolastiques ayant, à la suite des saints Pères, enseigné çà et là, en anthropologie, que l'intelligence humaine ne s'élève aux choses privées de corps et de matière, qu'en partant des choses sensibles, ils ont compris d'eux-mêmes que *rien n'est plus utile au philosophe que de chercher avec soin les secrets de la nature et de s'appliquer longtemps et beaucoup à l'étude des réalités physiques.* »

Et en cela ils ne faisaient qu'imiter le grand Augustin qui « discuta d'une manière très subtile jusque sur la nature des corps soumis au changement. » (Ibid.)

Tous ont compris qu'on ne pouvait pas négliger d'affermir les bases sensibles d'une saine philosophie sans ébranler en même temps la théologie naturelle et la morale comme la psychologie. De là un grand danger pour la foi chrétienne, danger qu'il fallait prévenir par l'étude approfondie du monde physique.

Ce n'est pas la faute des anciens philosophes s'ils n'ont pas fait en un jour toutes les découvertes qui ont été faites depuis, sinon il faudrait reprocher un jour au siècle actuel de n'avoir pas connu les inventions du xxᵉ siècle. Mais leur ardeur constante dans l'étude de la nature est incontestable, bien qu'ils aient envisagé surtout l'utilité des sciences physiques pour la philosophie et la doctrine révélée.

Aujourd'hui, cette étude a d'autres avantages inappréciables pour tous, et surtout pour le commerce, l'agriculture, l'industrie et la médecine.

L'astronomie nous sert pour régulariser nos horloges, pour fabriquer les cartes géographiques qui rendent de si grands services à la jeunesse de nos écoles, à laquelle elles épargnent des voyages nombreux, lointains et dispendieux.

Et il ne faut pas compter pour rien l'idée qu'elle nous donne de notre petitesse et de celle de la terre au milieu de ces mondes innombrables qui peuplent l'espace. L'immensité de l'univers est bien faite pour inspirer l'humilité en même temps que l'admiration. « En déroulant à nos yeux ce magnifique tableau, dit Garcet (1), l'astronomie nous invite naturellement à reconnaître et à glorifier le créateur de ces merveilles, et elle contribue ainsi, pour sa part, à l'éducation morale de l'homme. »

La physique à son tour nous rend les plus grands services par ses balances, ses pressoirs, ses pompes, ses baromètres ou thermomètres; par ses locomotives ou locomobiles; par ses tuyaux d'orgue, ses hygromètres, ses dynamos, ses piles, ses lunettes, ses prédictions du temps, etc.

La géologie ou la chimie fournissent les matériaux de nos maisons, le charbon si utile à nos foyers ou à l'industrie, et des engrais pour la culture. Enfin la chimie est indispensable aux médecins et à la pharmacie.

****

5° Étude très nécessaire.

Mais ce n'est pas seulement pour la médecine et la pharmacie que l'étude du monde minéral est obligatoire, quand il s'agit de savoir la dose précise des poisons dont l'art de guérir emprunte si souvent le secours.

Elle s'impose encore à l'ingénieur des mines pour lui faire prévenir une foule de catastrophes qui ne pourraient être évitées sans une étude approfondie des couches terrestres. Les éboulements, les asphyxies, les accidents du grisou sont dus plus d'une fois à l'ignorance ou à la négligence.

L'astronome, lui aussi, pour prédire le temps, a besoin de connaître l'état général du ciel ou de l'atmosphère, la cause des brusques variations de l'air. Cette cause est souvent dans les éruptions d'hydrogène du soleil ou dans l'apparition des taches au centre de l'astre du jour, comme on semble l'avoir démontré.

Tous les fabricants de pompes, de machines, d'instruments de musique, d'horloges, etc., doivent tenir compte des lois de l'hydros-

(1) Garcet, Cosmographie, page 2, introduction.

tatique, de la mécanique, de l'acoustique ou de la pesanteur : autant de lois exposées dans les sciences qui traitent de la matière et de ses mouvements.

Enfin, les sciences physiques sont nécessaires presque à tous les hommes, même aux philosophes.

C'est ce que proclament bien haut deux célébrités scientifiques, M. de Lapparent et M. Janet.

« L'étude de cette écorce, dit le premier (1), n'est pas, pour l'homme, un simple objet de curiosité. Elle lui est imposée par la nécessité où il est d'aller chercher, dans le sein de la terre, les substances nécessaires au développement de la civilisation matérielle. En effet, c'est là que sont renfermés, avec les matériaux de construction, les minerais d'où l'on extrait les métaux, les matières premières des produits chimiques, les amendements indispensables à l'agriculture, enfin et surtout les combustibles minéraux, sans le secours desquels l'industrie moderne serait condamnée à périr. »

Quant à M. Janet (2), après avoir constaté que ce qui caractérise notre époque, c'est l'accord qui est en train de se faire entre les sciences et la philosophie, accord qu'il appelle un progrès et même une nécessité, il ajoute avec raison : « Ce retour vers la science avait sa raison d'être dans la nature même des choses. Il est impossible, en effet, de creuser une question philosophique sans venir se heurter contre une difficulté scientifique ; et il est difficile aussi de pousser bien loin certaines questions scientifiques sans toucher aux problèmes de la philosophie. »

Ce dernier point vise surtout la constitution intime des corps, l'espace et le temps ainsi que les lois physiques : autant de sujets qui relèvent de la métaphysique plus que de l'expérience ou de l'observation. Et M. Cochin (3) va même jusqu'à dire que la matière pure relève uniquement de la métaphysique.

« Mais l'étude même de la matière, dit-il, est une étude métaphysique. si, par réalité physique, nous entendons tout ce qui peut être vu ou touché...

Elle (la science) ne se contente pas de constater et d'énumérer les phénomènes, elle pénètre au delà des phénomènes, et elle reconstitue par le raisonnement la réalité extérieure, inaccessible à nos sens.

Elle démontre d'abord l'existence de cette réalité extérieure, et ensuite en fait la critique. »

Il s'agit ici de la matière pure, comme il venait de l'expliquer, et non des qualités physiques, très accessibles à nos sens, du moins

(1) M. de Lapparent, *Abrégé de géologie*, pp. 1, 2, 3ᵉ édition.

(2) M. Janet, *la Philosophie contemporaine française*, Calmann-Lévy, 1879.

(3) M. Cochin, ibid. p. 496, 497.

dans leur existence réelle. C'est ce que les scolastiques appellent l'essence des corps, essence accessible en effet à la seule raison.

Ainsi l'étude de la nature physique est nécessaire au philosophe comme la philosophie est nécessaire au physicien et au chimiste. Mais c'est surtout au philosophe scolastique que cette étude devient un moyen indispensable pour s'élever à l'idée d'un être spirituel, vu que d'après le système scolastique, toute connaissance commence par les sens et toute idée est une abstraction des images fournies par l'imagination, qui les emprunte elle-même aux sens et à la nature physique.

C'est ce qui explique l'ardeur avec laquelle les partisans de la philosophie scolastique, se sont toujours livrés à l'étude des sciences physiques, comme l'ont fait Albert le Grand et saint Thomas.

Cette obligation est bien plus rigoureuse encore pour les apologistes ou défenseurs de la foi chrétienne. Leur mission fut toujours de dissiper les difficultés amoncelées par l'incrédulité contre la vraie religion.

Mais à notre époque troublée où tout est mis en question, même les principes philosophiques, les écrivains chrétiens qui veulent entrer en lutte avec les savants du jour, doivent posséder des connaissances très étendues et très variées sur toutes les branches des sciences, même sur le monde physique, qui fournit aux adversaires de la foi leurs objections les plus formidables, surtout contre le miracle et la création du monde matériel. C'est sur ce terrain, que les adversaires connaissent à fond, qu'il faut se placer pour les suivre et les réfuter. Et on ne peut les combattre avec quelque succès que si on ne le cède à aucun d'eux pour la science des faits et des lois de la nature physique. C'est ce que ne cesse de répéter un éminent professeur de la Sorbonne, Mgr Méric. C'est ce que recommandait naguère aux prêtres Mgr Abbeloos, recteur de l'Université de Louvain. Et le P. Carbonnelle *(Confins de la science et de la philosophie)* n'insistait pas moins dernièrement sur la même obligation, qu'il étend à tout le clergé ou du moins à un grand nombre de ses membres, pour qu'ils soient à la hauteur de la situation.

« Avant tout, dit Mgr Méric (*Clergé et temps nouveaux*, p. 307), nous ne devons pas dédaigner les sciences naturelles, mépriser ceux qui les cultivent, et considérer comme nulles les objections que les savants égarés soulèvent contre l'enseignement de notre foi... ; il n'est pas permis d'accuser d'orgueil, d'ignorance, de mauvaise foi, tous nos adversaires..., il n'est pas juste de condamner les sciences étrangères à la science théologique, et de les considérer comme l'expression nécessaire de l'orgueil en révolte contre Dieu. Nous ne devons pas nous exposer à nous rendre nous-mêmes ridicules aux yeux des savants, en vivant dans la solitude et le dédain, les yeux et les oreilles fermés aux progrès de l'esprit humain..., nous devons nous emparer des sciences et les faire servir à la confirmation de la parole de Dieu. »

« Si vous voulez, disait le recteur de Louvain, exercer une action autour de vous, soyez aussi savants et plus savants que ceux qui ne croient pas. »

Selon la judicieuse remarque du P. Carbonnelle, le prestige des prêtres ne se relèvera que lorsqu'un grand nombre d'entre eux l'emporteront comme autrefois, par la science, sur leurs adversaires. Quand M. l'abbé du Hamel remplissait les fonctions de secrétaire perpétuel de l'Académie des sciences, la religion n'avait pas à redouter les attaques de la science.

« On veut de plus en plus se passer du prêtre : il faut qu'il s'impose dans les sciences par son autorité pour l'honneur de la religion et pour sa défense. »

Cette obligation d'approfondir les secrets de la matière pour y chercher Dieu ou des armes contre les ennemis de Dieu, est reconnue et proclamée en plusieurs endroits de l'Écriture, comme par une foule de Pères de l'Église et par les conciles et les Papes.

Il est vrai que les écrivains sacrés ou plutôt, comme s'exprime saint Augustin (1), « l'Esprit-Saint parlant par leur bouche, n'ont pas voulu nous révéler la nature intime du monde visible, dont la connaissance ne sert de rien pour le salut de personne. » « C'est pour cela, dit Léon XIII, que ces écrivains n'ont pas prétendu étudier directement les phénomènes naturels, mais quelquefois ils en parlent ou les décrivent accidentellement. Et alors ils adoptent la manière de parler usitée de leur temps dans le langage ordinaire... comme les choses apparaissent aux sens. » Il ne faut donc pas chercher des systèmes scientifiques dans l'Écriture qui abandonne le monde matériel à la discussion des savants, et qui préfère nous dire comment on va au ciel que de contenter notre curiosité en nous expliquant comment marche le ciel.

Malgré cela, l'Écriture nous avertit (2) que Dieu est le *Dieu des sciences*, que le Christ est *plein de grâce et de vérité*, que Dieu repoussera celui qui *rejette la science*, que des malheurs terribles fondront sur ceux *qui ne font aucune attention aux œuvres de Dieu*, et que les païens sont sans excuse pour n'avoir pas reconnu Dieu à travers *ses œuvres visibles*. Dieu lui-même nous fait donc un devoir d'étudier le monde physique sorti de ses mains et marqué au coin de la Puissance et de la Sagesse infinies.

Écoutons maintenant le langage que tiennent à ce sujet les Pères de l'Église. « Le premier des biens, dit saint Grégoire de Nazianze (Or. 43, 10, 12), c'est la science ; et je n'entends pas seulement la

____

(1) S. Aug. de Genes., ad litter. II, 9, 20.

(2) Isaïe, ch. v, 12, menace des mêmes châtiments que subiront les ivrognes.

nôtre, qui s'attache au salut et à la beauté des biens spirituels ; je parle aussi de la science profane, que tant de chrétiens, bien aveugles sans doute, rejettent comme pleine d'écueils et de dangers, comme éloignant de Dieu. Ne méprisons pas la science, parce qu'elle déplaît à quelques-uns, et regardons ses ennemis comme des grossiers et des ignorants. Ils voudraient que tout le monde leur ressemblât pour cacher leur ignorance dans celle des autres. »

Saint Augustin, comparant la création à l'Écriture, admirait saint Paul parlant, devant l'Aréopage, de l'obligation de chercher Dieu à travers les créatures.

« Je ne serai pas négligent, disait-il (1), pour chercher la science de Dieu soit par l'Écriture, soit par la création, l'homme étant conduit aux choses divines par des comparaisons. »

Aussi a-t-on dit de lui qu'il a parlé de la matière avec subtilité (2).

Et il ajoutait à l'adresse des chrétiens qui ont pour mission de réfuter les incrédules :

« Il arrive souvent qu'un incrédule a acquis par l'expérience et le raisonnement des connaissances très certaines sur le ciel, la terre et ses divers éléments, le mouvement des astres, les éclipses, le retour des saisons, la nature des animaux, des plantes et des pierres.

Il est vraiment honteux, souverainement dangereux pour la foi, qu'un chrétien, prétendant parler de ces matières d'après l'enseignement des Écritures, soutienne, en présence de savants étrangers à nos croyances, des insanités telles, des erreurs tellement opposées à la vérité scientifique, qu'il est impossible de n'en pas rire. »

Qui ne voit que la question du miracle exige, de nos jours, depuis l'apparition de l'hypnotisme surtout, une science solide de ce qu'il est convenu d'appeler le magnétisme terrestre ou le magnétisme animal et humain ?

Ainsi, les Pères de l'Eglise s'accordent avec l'Écriture pour faire un devoir de l'étude du monde physique aux défenseurs de la foi, ce qui, en un sens, peut s'appliquer à tous les chrétiens puisque tous, d'après la recommandation de saint Pierre, doivent être prêts à rendre aux incrédules raison de ce qu'ils espèrent.

Les conciles de l'Eglise ne parlent pas autrement. Contentons-nous de citer celui du Vatican (3), le plus rapproché de nous. Il parlait des erreurs modernes de la fausse science.

« Tous les chrétiens fidèles, dit-il, surtout ceux qui président et qui enseignent, nous les supplions par les entrailles de Jésus-Christ et *nous leur ordonnons*, en vertu de l'autorité de ce même Dieu Sauveur, d'unir leur zèle et leurs efforts pour éloigner ces

---

(1) S. August.. de Trinit., l. 2 ; de Genes ad litt., l. ı.
(2) Léon XIII, Encycl. *Æterni Patris*, p. 32, chez Pillet.
(3) Conc. du Vatican, Constit. *Dei filius*, fin.

horreurs et les éliminer de la sainte Eglise. » Or, un grand nombre de ces erreurs sont empruntées aux sciences physiques.

Il n'est pas étonnant que des ordres si formels de la part de l'Église réunie en concile, aient été si souvent réitérés depuis par Léon XIII.

Ce grand Pontife, après avoir fait siens les ordres du concile du Vatican, ajoute, dans son Encyclique sur la nécessité des vertus chrétiennes : « Ainsi, dans les devoirs qui nous lient à Dieu et à l'Église, une grande place revient au zèle avec lequel chacun doit travailler dans la mesure du possible à propager la foi chrétienne et à repousser les erreurs. »

Et il expose, dans son Encyclique du 15 février 1892, les motifs de cette grave obligation :

« La défense de la foi catholique, dit-il, réclame aujourd'hui une doctrine qui ne soit pas vulgaire, mais éminente et variée ; une doctrine qui n'embrasse pas seulement la science sacrée, mais aussi la science philosophique, enrichie de toutes les découvertes physiques et historiques. Il faut déraciner les nombreuses erreurs de ceux qui s'efforcent de saper les fondements de la vérité chrétienne. Il faut lutter avec des adversaires très bien préparés, opiniâtres dans la controverse, qui empruntent perfidement à toutes les branches des sciences... Un grand nombre d'esprits distingués ont réalisé de belles et fécondes inventions ; il convient d'autant moins de les ignorer que les incrédules se saisissent avidement des progrès de chaque jour pour s'en faire des armes contre les vérités révélées. Il faut donc que le défenseur de la foi s'applique plus que par le passé à l'étude des sciences naturelles, et soit en même temps instruit dans les matières qui touchent à l'interprétation où à l'autorité des Écritures. »

Pour ce qui touche à cette interprétation en particulier, comment pourra-t-on expliquer les sept jours de la création sans faire appel aux découvertes de la géologie et à ses longues périodes successives ? Il faut bien qu'on tienne compte de ce qui reste acquis à la science, si l'on ne veut pas compromettre, par une mauvaise défense, la meilleure des causes, celle de Dieu et de l'Eglise. Souvent la clé d'un texte est dans les sciences. Ici, notre réserve elle-même serait mal interprétée, et par suite elle deviendrait coupable, même à l'égard de la science, qui y verrait le signe de notre ignorance où de notre hostilité contre elle. Et de là au mépris de la religion, il n'y a qu'un pas.

C'est surtout aux professeurs d'Ecriture Sainte qu'il incombe, d'après Léon XIII, d'étudier avec soin les sciences physiques. (Encycl. sur l'Ecriture.) « En second lieu, dit-il, il faut combattre ceux qui, abusant de la connaissance qu'ils ont des sciences physiques, s'attachent à tous les pas des auteurs sacrés pour montrer leur ignorance sur ces matières et dénigrer les Ecritures elles-mêmes. Ces accusations, ayant pour objet des choses sensibles, deviennent particulièrement dangereuses lorsqu'elles arrivent à la connaissance du vulgaire et surtout de la jeunesse qui s'adonne à l'étude des lettres. Celle-ci, en effet, une fois qu'elle aura perdu le respect de la révélation divine sur un point, refusera facilement de lui prêter foi sur tous les autres. Or, il est bien certain que si les sciences physiques peuvent servir à manifester la gloire du Créateur, empreinte dans la création, quand elles sont convenablement dirigées, elles peuvent tout aussi bien détruire les principes de la saine philosophie et corrompre les mœurs, si elles sont présentées d'une façon perfide aux jeunes intelligences. C'est pourquoi la connaissance de ces sciences sera pour le professeur d'Ecriture Sainte d'un puissant secours. Elle lui permettra de découvrir plus facilement et de combattre les attaques qui, de ce côté aussi, sont dirigées contre les saints Livres. »

Mais non seulement l'Eglise oblige ses enfants à entreprendre l'étude de la nature physique ; non seulement elle énumère tous les motifs les plus puissants qui peuvent y engager, mais encore, elle trace à ses défenseurs la ligne de conduite qu'ils doivent tenir pour lutter avec succès contre les armées de l'incrédulité savante, en restant eux-mêmes à l'abri de tout danger d'erreur ou de corruption. Cette ligne de conduite, la voici :

On ne se laissera jamais séduire par les sophismes des objections ni par les beautés de la nature, qu'on admire davantage à mesure qu'on soulève le voile du monde physique, si on a soin de se prémunir contre ces séductions par de fortes études théologiques et philosophiques, faites d'après les principes de saint Thomas.

« Il est donc nécessaire, dit encore Léon XIII (Encycl. sur l'Ecriture), de veiller à ce que les jeunes gens qui abordent les études bibliques y soient bien préparés. Or, ils seront parfaitement armés, si, comme nous l'avons indiqué et prescrit, ils ont étudié soigneusement la philosophie et la théologie, en prenant saint Thomas pour guide. Ils s'avanceront ainsi d'un pas sûr et dans la science biblique, et dans la théologie qu'on appelle *positive*, et feront dans les deux de très heureux progrès. »

La philosophie éclairée des lumières de la théologie et enseignée selon la méthode de saint Thomas, c'est la philosophie chrétienne, celle que Pie IX appelait, avec raison, « *la vraie philosophie*. » (Lettre du 22 janvier 1870 sur Sanséverino et son Œuvre de restauration de la philosophie chrétienne).

Or, Pie IX en avait déjà proclamé la nécessité en écrivant au P. Cornoldi, en 1874 : « C'est avec joie que nous voyons les membres de votre société s'engager à défendre les principes du Docteur Angélique, tant sur l'union de l'âme intellective avec le corps humain, que sur la forme substantielle et la matière première. Et certes ce n'est pas autrement qu'il sera possible de réparer le dommage causé à la religion et à la science par le matérialisme, de dégager la science elle-même du labyrinthe des erreurs de ce système. »

Que la nouvelle école spiritualiste se le tienne donc pour dit. Quelle que soit la bonne volonté des spiritualistes séparés, qui ne veulent rien devoir à la foi sur le terrain de la nature, on peut leur dire aujourd'hui ce que leur disait, il y a quelques années, Mgr Méric (1) : « Il faut en revenir à la philosophie chrétienne, si l'on veut s'assurer une ligne de défense imprenable contre des ennemis décidés à ne pas reculer. L'armée spiritualiste m'inquiète; elle manque de cohésion. Mais l'ennemi voit les points faibles de ce rassemblement d'hommes, et, à mon avis, cette armée sera nécessairement vaincue, sa cause subira une défaite irréparable, si elle refuse de marcher au pas des philosophes chrétiens et de défendre hautement leur drapeau. C'est la philosophie chrétienne qui a pris sous sa protection et enseigné dans tous les siècles les vérités fondamentales qui font connaître à l'homme sa nature, son origine et sa destinée. » Et l'homme résume tout. Mais Sansévériño n'excepte aucun problème. Il voulait prouver « que la philosophie chrétienne a examiné tous les problèmes agités par l'esprit humain et qu'elle en indique les vraies solutions, en même temps qu'elle prévenait les difficultés soulevées aujourd'hui (2). »

Sans des principes directeurs empruntés à une saine philosophie, les sciences physiques, qui commencent par des conjectures dont le champ est illimité, n'aboutiraient à aucun résultat. Ces principes métaphysiques sont ceux de causalité ou d'inertie, de constance, de simplicité et d'harmonie. Grâce à eux l'esprit trouve sa route et arrive à des résultats que l'expérience confirme : ce qui dispense d'observer directement ces lois, déterminées *a priori*.

Qu'est-ce que cette idée de l'inertie qu'on ne voit jamais complète dans la nature, sinon, comme le dit Naville (3) « une conclusion déduite de principes philosophiques ; elle est devenue ensuite une hypothèse hautement confirmée » ? De même comme rien ne se fait avec le néant, il faut monter jusqu'à un état de choses primitif de la matière et jusqu'à des lois du mouvement primordiales.

Pour le principe de constance, il est légitimé par la nécessité de trouver des lois fixes et des éléments invariables pour expliquer les variations des faits. C'est la base des raisonnements.

Pour la simplicité ou principe de la moindre action, cela vient encore de la métaphysique du Moyen-Age, en passant par Galilée et Newton.

(1) Mgr Méric, ibid. p. 393.
(2) M. Blanc. t. III, p. 364. *Hist. de la philosophie.*
(3) Naville, *La Physique moderne*, p. 143.

Car on doit réduire le nombre des causes autant que possible, d'après Newton. Voilà pourquoi on dit que la science progresse quand elle s'élève à de plus hautes généralisations.

Pour le principe d'harmonie, il consiste à « concevoir toutes choses comme tournées vers une unité (*versus unum*, d'où univers) qui les met en rapport les unes avec les autres, » dit encore Naville, p. 142. C'est à un pressentiment confus, presque instinctif qui a passé plus tard à l'état réfléchi, que nous devons les sciences physiques.

Aussi ce n'est pas une exagération que cette affirmation de Naville (p. 153) : « C'est la philosophie des fondateurs de la science qui, en dirigeant leurs recherches, a produit la physique moderne. »

La pensée de l'unité de Dieu, de sa sagesse, de sa bonté, de sa simplicité a exercé une influence considérable, nous le savons, sur Copernic, Képler, pour qui savoir c'était « repenser les pensées du Créateur » et aussi sur Galilée et Newton.

Mais là où régnait le polythéisme ou même le dualisme des causes premières, ces divinités placées à l'origine de chaque fait tenaient la science en échec. Et depuis qu'on a abandonné la métaphysique, les savants tombent dans l'agnosticisme ou le panthéisme, ou font de la matière leur fin dernière, sans chercher les lois. Il leur manque des principes directeurs.

C'est principalement aux croyances religieuses, du moins aux dogmes de la religion naturelle que les sciences physiques doivent leur fondation et leur avancement, par suite de l'orientation que donne la religion et aussi du zèle qui transporte les savants chrétiens dans la recherche de leur Dieu à travers les œuvres qui le manifestent. Voilà pourquoi M. du Bois-Reymond, un protestant, disait dans une assemblée de naturalistes, à Cologne : « Bien que cela sonne comme un paradoxe, la science moderne doit son origine au christianisme. »

Grâce à sa foi vive, le croyant voit les créatures matérielles sous leur vrai point de vue dans le Christ, comme des préparations à l'Incarnation, ou des images de Jésus-Christ : « Par la foi nous comprenons, dit l'Ecriture, que les siècles ont été arrangés par le Verbe de Dieu... Pour lui les siècles ont été faits... C'est en lui que tout se soutient... C'est en lui que tout se résume... Jésus-Christ est tout et en toutes choses... Les choses invisibles qui sont en lui sont comprises par l'intelligence dans ses créatures. »

Et non seulement il voit leurs beautés ravissantes et cette religiosité de la science dont parlent les saints Livres : « Toutes ces sciences sont remplies d'une philosophie sacrée (1) » ; mais encore il discerne avec une grande perspicacité les difficultés et les dangers de l'étude de la nature ; et son amour pour Dieu lui fait tirer parti

______

(1) P. Faber, lieu cité, p. 16.

même des obscurités et des mystères des sciences physiques en lui en
faisant éviter tous les dangers. Pour le croyant doublé d'un philosophe on peut dire que les sciences physiques sont une colonne de feu et le chemin du ciel; tandis que pour les incroyants
ou pour ceux qui s'aventurent dans cette étude sans principes
chrétiens, les sciences du monde matériel ne sont guère qu'une
colonne de nuée qui les aveugle ou qu'un chemin tracé au milieu
d'une mer dont les eaux, suspendues un instant, se resserrent
ensuite pour les engloutir. Le croyant le sait d'avance, à n'en pas
douter, « toutes les choses sont difficiles, et l'homme ne peut
les expliquer par sa parole. » Ecclésiaste, I, 8. Il a lu encore dans
la Bible que « l'homme ne peut trouver aucune explication de toutes
les œuvres que Dieu opère sous le soleil. » VIII, 17. Il n'a pas
besoin que Pascal l'avertisse que « nous ne savons le tout de rien. »

Il ne sera pas surpris d'entendre Gœthe (1) lui dire : « Toujours
la nature garde quelque chose de problématique que l'intelligence
humaine est impuissante à pénétrer. Le mystère est partout, même
en plein jour. Jamais la nature ne laisse entièrement soulever le
voile qui la recouvre... ; le fond même et le meilleur des choses
nous est inaccessible. » C'est ce que Shakespeare (2) exprime en
d'autres termes : « Il y a plus de mystères entre le ciel et la terre
que jamais l'homme n'en rêvera. »

Le savant chrétien ne s'étonnera pas d'entendre cet aveu de
Newton : « Je connais les lois de l'attraction, mais si on me demande
ce qu'est l'attraction, je n'ai plus de réponse à donner. » Il sait
que la seule réponse à faire à une foule de questions semblables,
par exemple sur la nature de l'éther, de l'électricité, etc., c'est
celle que faisait un candidat aux applaudissements de ses examina-
teurs : « Je n'en sais rien. » La Bible l'en a prévenu, et il ne
s'émeut pas, et il ne se scandalise pas de cette obscurité de la
nature.

Bien loin de se faire agnostique, comme ces incrédules qui confondent le mystère avec l'absurde et qui répudient les choses qu'ils
connaissent, sous prétexte qu'ils ne connaissent pas tout, le chrétien
sait que le mystère entré dans le plan de Dieu, est le sceau des
œuvres divines. Et il n'est pas moins reconnaissant pour ce que
Dieu lui cache de ses œuvres que pour ce qu'il lui révèle ; puisque
cette obscurité elle-même est pleine de clartés sublimes : elle apprend
que Dieu est infiniment incompréhensible en beauté comme en
puissance, en sagesse et en bonté. Et ainsi, loin de se faire du mystère une arme contre Dieu, le savant qui croit, s'écrie avec l'enthousiasme de Képler (2) : « Il est grand, Notre Seigneur ; ciel, soleil,

----

(1) Cité par Hettinger, i. c. 30.
(2) Hamlet, act. ii. scène ii.
(3) Cité par Naville. *La physique moderne*, p. 156.

luno, planètes, proclamez sa gloire !... Proclamez sa gloire, harmonies célestes ! » ou avec celui de saint Augustin (1) : « Tout vous chante de tous côtés le Créateur. Les beautés elles-mêmes des créatures sont des voix qui le louent. »

En effet, si Dieu a tant tardé à donner des livres inspirés, dit saint Chrysostome, c'est pour obliger les hommes à étudier la nature, à écouter les louanges qu'elle donne à son auteur.

Ajoutons que, sans une profonde humilité, sans un grand esprit de mortification et surtout sans un ardent amour de Dieu, celui qui se livre à l'étude du monde matériel est exposé, le plus souvent, comme le prouve la liste hélas ! si longue des astres errants de notre siècle, à s'arrêter à mi-chemin, déconcerté par les difficultés insurmontables qu'il rencontre et que son orgueil ne verra qu'avec dépit. Les sacrifices nombreux et considérables, exigés par les recherches scientifiques, ne peuvent que décourager le chercheur peu mortifié et qui ne travaille pas pour le ciel ou pour plaire à Dieu.

Car ils sont rares les esprits qui cultivent la science pour l'honneur de la science et qui, avec Augustin Thierry (2), s'écrient : « Il y a au monde quelque chose qui vaut mieux que les jouissances matérielles, mieux que la fortune, mieux que la santé elle-même : c'est le dévouement à la science. »

La grande majorité des hommes exige, pour se sacrifier, de plus puissants stimulants.

Mais l'âme mortifiée et brûlant d'amour pour Dieu, fait son plaisir de la souffrance ; car, « là où il y a de l'amour, dit saint Augustin, il n'y a pas de souffrance ; et si l'on souffre on aime sa souffrance. » Et l'esprit de Dieu, qui habite dans la charité, lui communique beaucoup de secrets inaccessibles à la raison orgueilleuse, en accordant à ses prières le don de science. Celui-ci porte l'esprit humain à ne considérer les créatures que par rapport à Dieu ou à son Christ, en montrant en elles des images ou vestiges de l'éternelle Puissance, de l'infinie Sagesse, de la divine Beauté, etc. Ne voyant que Dieu dans la nature, on n'y aime que Lui, on n'y cherche que Lui, on n'y loue que Lui. Et c'est ainsi que « Tout contribue au bien de ceux qui aiment Dieu », même l'étude de la matière, dont la poussière aveugle tant d'autres, qui se laissent prendre à ses charmes en prenant l'image pour la réalité, les faux biens pour les biens véritables et éternels.

L'Esprit-Saint ne permet pas de s'arrêter à des considérations profanes, il pousse sans cesse vers l'original du tableau et dégage ainsi de la boue.

(1) Saint Augustin sur le Ps. 26. « C'est la beauté ineffable du monde entier qui rend témoignage à l'auteur de tout », disait aussi saint Ambroise. L. 2 de vocat. Gent. C. S.

(2) Aug. Thierry. Dix ans d'études historiques. Préface.

Car il sait que « dans l'étude des créatures, il ne faut pas exercer une curiosité vaine et transitoire, mais se faire d'elles une échelle pour s'élever aux choses immortelles et toujours permanentes (1) ».

Sous la direction de l'Esprit de science, l'âme ne peut que profiter en science comme en piété : « Elle fait de toutes les réalités tombant sous les sens autant d'occasions et de moyens de connaître Dieu, de l'adorer et de l'aimer. Toutes ces réalités sont pour elle commes des miroirs qui lui représentent Dieu, comme des vestiges de ses attributs, et ces vestiges la guident dans la fervente recherche à laquelle elle se livre (2). »

Privé de ce guide incomparable, l'homme perd souvent de vue le Créateur en considérant les créatures : la matière lui fait oublier l'esprit et le temps, l'éternité. Les bagatelles exercent sur lui une fascination presque irrésistible, surtout s'il étudie le monde sans une grande pureté d'intention et en dehors de la nécessité : deux conditions requises pour que la nature soit étudiée sans dangers de perversion même pour le croyant catholique.

Mais si ces deux conditions sont réalisées, le croyant peut aborder sans crainte et il doit même aborder avec joie l'étude de la matière et de ses merveilles.

Nul n'en a autant le droit et nul n'y est plus obligé, la science véritable donnant toujours une éclatante confirmation à la foi dont elle est le rempart.

Voilà pourquoi David (3) s'écriait avec l'accent de la piété la plus enthousiaste : « Vos œuvres, ô mon Dieu, sont admirables, et mon esprit est ravi de ce qu'il en connaît », et encore : « J'ai considéré, Seigneur, ce que vous avez fait et j'ai médité sur les merveilles de votre puissance, et j'ai levé les mains vers vous. »

Voilà pourquoi le grand saint Jérôme, saisi d'un respect religieux à la vue de la belle nature, se disait en proie à un saint délire et disait à Dieu dans ses élans d'amour : « Tremblant d'admiration, je fais monter vers vous mes louanges. »

Tant il est vrai que la vraie science alimente la piété. Aussi, selon le P. Faber (4) : « Rien ne saurait être plus agréable à un véritable théologien que de suivre des yeux la science marchant à pas de géant dans la voie des découvertes... Il n'a rien à craindre pour sa foi, si ce n'est un certain embarras qui provient de la richesse même des arguments... Il n'y a pas d'idée plus étroite, plus vulgaire, plus inepte que de vouloir établir une opposition entre la science et la religion. »

D'après Léon XIII, il faut regarder cette doctrine comme une règle invariable de conduite, dans l'étude des sciences.

(1) Saint Thomas, 2 a, 2æ Q 180, a. 4.
(2) Massoulié, Méditat. de saint Thomas, nouv. édit. p. 152.
(3) David, Ps. 138, 14.
(4) P. Faber. ibid. p. 17.

Aucun conflit n'est à redouter si on a pris soin de faire la part de ce qui n'est que conjecture ou opinion et la part de ce qui est réellement certain, dans la science comme dans le domaine théologique.

Et s'il y a quelque apparence de conflit entre la science et la foi, voici encore la règle à suivre (Encycl. sur l'Ecriture) :

« Tout ce que les savants ont pu démontrer sur la nature des choses, par des arguments solides, montrons que cela n'est pas contraire à nos saints Livres, au contraire, les savants affirment-ils que telle découverte contredit la Bible, c'est-à-dire la doctrine catholique, montrons, si nous le pouvons, que cette découverte est très fausse, ou tenons-la en attendant pour telle, sans hésiter. »

Cette règle est très juste et faite pour rassurer les plus timides.

Et ce sera notre conclusion.

Elle n'a jamais reçu de démenti de la part de la vraie science ; car il ne faut pas mettre au rang des grands savants Draper, opposant à la foi les conquêtes de la science. Les princes de la science ont été d'excellents chrétiens, et presque tous des catholiques fervents, comme l'a affirmé Cauchy.

Aussi la parole célèbre de M. Thiers (Disc. sur la quest. rom. 1865) reste toujours vraie : « Le catholicisme n'empêche de penser que ceux qui n'étaient pas faits pour penser. » Et si la foi guide et stimule la science, il n'est pas moins vrai que la science s'allie à la foi en la confirmant. Sainte-Beuve, parlant du célèbre Ampère, inventeur du télégraphe électrique, dit de ce savant : « Nous l'avons vu allier et concilier sans efforts, de manière à frapper d'étonnement et de respect, la foi et la science. »

M. Heinrich, doyen de la faculté des lettres de Lyon, affirmait cette alliance dans son testament en 1887 : « J'atteste ici à mes enfants, ô Seigneur, disait-il, que toutes mes études, toutes mes réflexions et l'expérience de toute ma vie, n'ont fait que confirmer dans mon âme la certitude des enseignements de la foi. »

Ces exemples sont un motif de plus pour obliger les chrétiens à étudier la matière en observant les règles que l'Eglise leur a tracées.

(2°) *Qualités physiques de la matière*

Le monde matériel ne tombe sous nos sens directement que par ses qualités ou propriétés physiques. L'existence réelle et objective de ces qualités est suffisamment démontrée par le bon sens, la science et surtout par la doctrine de l'Eglise qui, sans faire de cette vérité un article de foi, l'impose comme une vérité certaine, à notre avis, quoique les conciles se soient servis du terme d'*espèces* au lieu de celui de *qualités*. Non, les qualités ne sont pas imaginaires.

On peut même affirmer avec M. Ribot (1) que les qualités physi-

(1) M. Ribot. *la Psychologie allemande*, p. 228.

ques de la matière sont autre chose que du mouvement, surtout quand on considère les corps à l'état de repos : « En admettant, dit ce savant, — on peut l'opposer sans témérité à M. Rayot, — que de simples différences de *degrés* dans l'action vibratoire des divers rayons lumineux sur la rétine, on n'explique pas la *diversité* (spécifique) des sensations lumineuses. Au lieu de couleurs diverses, nous devrions simplement sentir de la lumière à divers degrés (comme pour la chaleur) : il faut donc qu'il y ait d'autres différences. » Et c'est aussi l'avis de MM. Poincaré et Ostwald, que la théorie mécanique du mouvement n'explique pas la chaleur.

Il y a du mouvement dans la sensation, tant que l'on voudra, surtout dans la sensation des qualités secondes ; mais il y a plus que du mouvement, surtout s'il s'agit de l'étendue.

Etudions ce que sont ces qualités réelles et physiques. Elles affectent si vivement nos sens qu'elles pourraient facilement nous séduire par leurs attraits et nous faire oublier le créateur pendant que nous contemplerons les créatures, si nous ne prenions la précaution d'invoquer Dieu et de nous défier de nous-mêmes, à l'exemple de ce génie chrétien qui a nom Ampère (1) et qui tremblait en abordant l'étude de la nature : « Défie-toi de ton esprit, se disait ce grand homme…, il n'y a de bon esprit que celui qui vient de Dieu… Travaille en esprit d'oraison. Etudie les choses de ce monde, c'est là devoir de ton état ; mais ne les regarde que d'un œil : que ton autre œil soit constamment fixé par la lumière éternelle. Ecoute les savants ; mais ne les écoute que d'une oreille. Que l'autre soit toujours prête à recevoir les doux accents de la voix de ton ami céleste. N'écris que d'une main. De l'autre, tiens-toi au vêtement de Dieu, comme un enfant se tient attaché au vêtement de son père. Sans cette précaution, tu te briserais infailliblement la tête contre quelque pierre. »

Et il termine par cette prière si belle dans sa simplicité et sa brièveté, surtout quand c'est la prière du génie reconnaissant son ignorance et son insuffisance devant le Dieu des sciences : « Bénissez-moi, mon Dieu. »

Occupons-nous seulement de l'étendue et de la divisibilité de la matière inanimée.

1° *Etendue du monde physique inorganique.*

L'étendue est, de toutes les qualités physiques des corps, celle que nos sens perçoivent la première, celle qui sert de base à toutes les autres, qui reposent toutes sur les trois dimensions : longueur, hauteur, largeur. Et nous verrons bientôt qu'à l'étendue nous devons encore le principe de l'individualité des corps ; de plus nous n'aurons

(1) Ampère, cité par Mgr Dadolle, conférence du 22 janvier 1886.

pas de peine à justifier la légitimité de cette définition d'un corps :
« Un corps est une substance composée de matière et de forme et
exigeant l'étendue dans l'espace. »

Mais qu'est-ce que l'étendue de la matière ? En envisageant la
question sous toutes ses faces nous répondrons que par étendue on
entend à la fois la grandeur de l'univers dans ses parties ou dans
son ensemble et cette propriété particulière à chaque corps en vertu
de laquelle les différentes parties d'un corps sont placées l'une en
dehors de l'autre dans un tout continu.

Expliquons ces deux significations du même terme. Ici encore
la philosophie chrétienne donne le dernier mot, même lorsque la
science a prononcé le sien. Elle seule, du moins, propose une explication suffisante, malgré le mystère qui plane sur toutes les œuvres
de Dieu.

Non seulement elle n'est pas en contradiction avec les conclusions
les plus certaines des sciences physiques, — ce qui est attesté publi-
quement par des maîtres de la science, — mais encore, il est donné
à cette philosophie de poursuivre les investigations scientifiques au
delà des bornes que ne peuvent franchir les lunettes ou les micros-
copes les plus perfectionnés. Rapprocheraient-ils de notre planète,
comme se propose de le faire M. Deloncle, la lune à cent kilomètres,
ces instruments ne nous montrent pas, ne nous montreront peut-
être jamais le bout du monde, soit dans les infiniment grands, soit
dans les infiniment petits, — pour nous servir d'une expression
usitée, mais qui n'est pas exacte, comme nous le démontrerons
bientôt.

En définitive, nous pouvons dire à tous nos lecteurs ce qu'écrivait Léon XIII à M. l'abbé Farges en 1892 : « Plus vous marcherez
dans cette voie, plus s'établira et se fortifiera votre conviction, que
la philosophie aristotélicienne, telle que l'a interprétée saint Thomas,
repose sur les plus solides fondements, et que c'est là que se trouvent encore aujourd'hui les principes les plus sûrs de la science la
plus solide et la plus utile. »

C'est vrai en particulier pour la nature de l'étendue de l'univers,
à quelque signification qu'on s'attache. Commençons par la première.

Grandeur de l'univers physique.

Le monde matériel est si vaste que plusieurs, même parmi les
doctes observateurs de la nature, lui ont attribué l'immensité, qui
exclut toute limite ; mais c'est pousser un peu trop loin l'induction,
comme nous le démontrerons tout à l'heure.

Il faut bien convenir que plus la science progresse sur ce terrain, et plus les bornes de l'univers semblent fuir devant ses télescopes à longue portée (il y en a de six mètres de long, et celui de
M. Delomel aura trente-six mètres). Chaque étoile est une sphère
souvent plus volumineuse que notre globe terrestre. Et le nombre de

ces étoiles est incalculable : il croît sans cesse à mesure que l'astronomie enregistre quelque nouvelle découverte, comme celle de la planète DQ aperçue tout récemment entre Mars et la terre par M. Witt.

Mais parlons d'abord de la TERRE. Les fouilles de la géologie qui nous la font le mieux connaître dans ses différentes couches, de l'aveu de tous les géologues, ne pénètrent pas bien loin malgré les sondages et les puits de nos mines : « Nos raisonnements, a dit Lyell, — un savant géologue anglais, — ne peuvent s'étendre qu'à une profondeur de quelques kilomètres, 15 ou 16 peut-être, à peine égale à la 400° partie de la distance de la surface au centre : mais bien que cette épaisseur soit insignifiante... elle est considérable encore relativement à l'homme et aux êtres organisés. »

Puisque le diamètre polaire de la terre est de 12.712 kilomètres, le rayon est de 6.356 kilomètres. Il est donc vrai de dire avec M. Cochin : « Nous pénétrons à quelques centaines de mètres, et le centre est distant de plus de six millions » (1). Rien d'étonnant qu'on discute entre savants anglais et savants français pour savoir si le noyau de la terre est solide ou liquide ou gazeux.

Quant à la surface terrestre, elle est approximativement évaluée à 5,094,321 myriamètres carrés dont les trois quarts couverts par la mer. Son atmosphère a environ 20 kilomètres d'épaisseur. Voilà pour les dimensions de la terre.

Mais la terre n'est qu'un point dans l'univers. Et s'il reste encore sur son étendue tant d'obscurités, que sera-ce du monde sidéral, qu'on aperçoit avec peine même à l'aide des instruments d'optique ? Ici les distances écrasent l'imagination et rendent le calcul presque impossible.

Tout prend des proportions grandioses, même sans sortir du système solaire ou planétaire, dont le soleil occupe le centre, et autour duquel gravitent huit grandes planètes.

Etudions ce SOLEIL.

La science a calculé à 100 rayons terrestres près la distance de la terre au soleil. En chiffres ronds, cette distance vaut 23.300 rayons terrestres, c'est-à-dire 37,116,000 lieues, avec une incertitude de 168,000 lieues.

On peut se faire une idée de cette prodigieuse distance comblée par l'atmosphère ou cet éther dont la nature reste inconnue quoique son existence s'impose. Qu'on se figure un train lancé à toute vapeur et faisant 50 kilomètres à l'heure. Il faudrait à ce train pour atteindre le soleil environ 350 ans.

Et comme le rayon du soleil est, d'après les calculs astronomiques, 108 fois le rayon terrestre, avec une incertitude égale à un rayon de la terre, on peut dire que le soleil est 1.300.000 fois plus gros que la terre. On sait que les jets de flamme que projette quelque-

(1) M. Cochin, ibid. p. 403.

fois sa photosphère ou surface brillante atteignent à eux seuls plusieurs milliers de kilomètres de hauteur.

Mais la science ignore encore si le soleil est composé d'un noyau solide comme celui que les géologues anglais attribuent à la terre ; ou s'il est un océan liquide entouré de gaz et surtout d'hydrogène en combustion ; ou, enfin, s'il est une masse entièrement gazeuse, comme le croit le P. Secchi, appuyé sur la chaleur intense du soleil, qui volatilise tout.

C'est cette dernière opinion que partage M. Cochin (1) quand il dit que d'autres astres « sont, comme le soleil, de vastes amas de gaz, mais où figurent les gaz de l'or et du platine...; dans le soleil il n'y a que des corps simples. » Le P. Secchi a démontré que le spectroscope n'accusait pas de traces d'or, d'argent, de mercure, d'iode et de chrome dans le soleil. Ces gaz exceptés, tous les autres s'y retrouvent tels qu'ils sont sur notre planète.

Mais le soleil n'est pas tout le système héliocentrique. Et pourtant la science trouve ici des barrières qu'elle n'a jamais pu surmonter jusqu'à ce jour.

Est-elle plus heureuse dans l'étude des planètes? Pas davantage, à cause de l'imperfection de ses instruments. Il est vrai que la lunette Deloncle, de 60 mètres, n'est pas achevée.

Parmi les grandes planètes, reconnaissables à leur absence de scintillement et à leur grand diamètre apparent ainsi qu'à leur marche en zigzags, nommons d'abord MARS, qu'on croyait notre plus proche voisin avant que M. Witt eût découvert la petite planète de 27 kilomètres de diamètre, qui est encore plus rapprochée de nous, quoiqu'elle soit à la respectable distance de 22.500.000 kilomètres. Mars jouit d'un climat presque semblable au nôtre. Ses canaux parallèles, qui semblent dénoncer le travail de l'homme, ont exercé et exercent encore les savants. Peut-être traînent-ils des rochers en fusion ou charrient-ils des glaces d'un pôle à l'autre. Peut-être aussi leur gémination est-elle l'effet du daltonisme des yeux.

Quoi qu'il en soit, Mars est la moins éloignée des planètes supérieures par rapport au soleil. Sa distance moyenne est de 58 millions de lieues. Il est six ou sept fois inférieur à la terre par son volume, quoique l'aplatissement de ses pôles soit dix fois plus grand que celui de notre globe, d'après les calculs d'Arago. Mais Mars n'est pas la seule planète qui circule autour du soleil de concert avec la terre.

JUPITER est la plus grosse de toutes. Son volume est treize cent quatre-vingt-dix fois celui du globe terrestre, et sa distance au soleil vaut près de 200 millions de lieues. Son printemps est éternel.

Une autre planète moins volumineuse que Jupiter, mais plus de huit cent soixante fois plus grosse que la terre, c'est SATURNE qui a,

(1) Denys Cochin, p. 467.

comme Jupiter, des bandes sombres et brillantes alternativement parallèles à l'équateur. Sa distance au soleil égale 464 millions de lieues, ce qui ne lui permet de nous envoyer qu'une lumière très pâle.

Plusieurs croient que les anneaux de Saturne sont formés par une atmosphère et une mer liquide d'une épaisseur totale de 12.000 lieues. Mais une théorie récente prétend que ces trois anneaux ne sont pas des anneaux mobiles, mais bien une procession de petites lunes : nouvelle preuve des limites actuelles de la science, même en ce qui concerne l'étendue de la matière.

Avec URANUS, découvert par Herschell en 1781, le système solaire s'allonge encore de 368 millions de lieues environ ; car cette planète est à plus de 730 millions de lieues du soleil.

Beaucoup plus petite que Saturne, elle est encore 74 fois plus grosse que la terre.

NEPTUNE est la plus grosse et la plus distante des planètes supérieures. Sa découverte en 1846 par M. Jalle de Berlin sur les indications d'un géomètre français, nommé Le Verrier, est un des plus beaux triomphes de l'astronomie et l'une des plus éclatantes confirmations du principe de l'attraction universelle ; car Le Verrier s'appuyait sur ce principe dans ses calculs. Plus grosse qu'Uranus, la nouvelle planète est à 1100 millions de lieues du soleil.

Quant aux planètes inférieures ou intérieures, dont l'orbite est comprise dans celle de la terre, il n'y en a que deux : Mercure et Vénus.

MERCURE, toujours plongé dans les rayons solaires, est rarement visible. Cela n'empêche pas de mesurer sa distance au soleil : elle est de 14.300.000 lieues. La chaleur et la lumière y sont sept fois plus intenses que sur la terre puisqu'il n'égale pas la terre en volume : ce qui n'a pas lieu pour Vénus, qui ressemble beaucoup à la terre sous tous les rapports.

VÉNUS, en effet, a presque le même volume, la même masse que notre planète ; et les variations des cornes de son croissant font croire qu'il existe à sa surface, comme dans la lune et dans bien d'autres planètes, de très hautes montagnes. On pense qu'elle a une atmosphère analogue à la nôtre, comme Mercure. Sa distance au soleil est de 27.486.000 lieues.

Quelles distances effrayantes ! Et pourtant ce n'est pas encore là le bout du monde sidéral.

A côté de ces grandes planètes, il y en a de secondaires qui sont leurs satellites, parce qu'elles font leur révolution autour d'une planète principale. Et les satellites sont de même nature que les planètes.

La terre en a un qui est assez bien connu : la lune ; Mars en a deux ; Jupiter quatre et Saturne huit ; Neptune ne paraît en avoir qu'un seul et Uranus en a quatre, comme Jupiter.

Pour ne parler que de la lune, dont on a photographié les montagnes élevées et les profondes vallées, qui ne paraissent pas être enveloppées d'une atmosphère, elle est quarante-neuf fois plus petite que notre globe, et sa distance à la terre n'est que de quinze fois le rayon terrestre, soit 90.000 lieues. Mais quelles dimensions encore et quelle distance, quoique les télescopes rapprochént actuellement l'astre des nuits de 12 lieues et qu'on promette de la montrer encore plus rapprochée.

Est-ce tout encore ? Non, derrière ces planètes secondaires mais visibles à l'œil nu, il faut en placer une foule d'autres, 435, surtout entre Mars et Jupiter, quoique M. Witt en ait découvert une nouvelle entre Mars et la terre.

On les appelle des planètes télescopiques, à cause de leur petitesse. Mais il n'en est pas moins vrai que ces astres sont, comme les précédents, des corps opaques à peu près de même nature que notre planète ; et ils peuvent être habités comme elle.

Comme cela grandit le royaume de la matière ! Et pourtant, indépendamment de ces astres invariables dans leur révolution, le système solaire est traversé en tous sens par un grand nombre de corps errants, très volumineux pour la plupart, qui apparaissent subitement, brillent d'un vif éclat durant quelques jours, puis replongent dans l'espace pour ne plus reparaître ou ne revenir qu'à de longs intervalles : ce sont les comètes. Leur nombre est si grand que Képler a pu dire sans exagération : « Il y a plus de comètes dans le ciel que de poissons dans l'Océan. » Ce sont de véritables astres à trajectoires allongées et qui subissent, à cause de leur petitesse, l'influence de tous les corps près desquels ils gravitent.

Chaque année on en découvre de nouveaux dont les queues ou vastes traînées de lumières atteignent souvent une longueur de plusieurs millions de lieues. La queue de la comète de 1847 était de 61 millions de lieues.

Ajoutons à ce nombre prodigieux de corps célestes, dont quelques-uns ont des proportions énormes, ces météores ou astéroïdes désignés par les astronomes sous le nom d'étoiles filantes, d'aérolithes, d'uranolithes, de météorites ou de bolides. D'après Proctor, ces sortes de projectiles dont on ignore la nature, lancés comme par une artillerie invisible sur la terre, qu'ils bombardent sans cesse, tombent au nombre de 100.000 par jour. M. Newcomb démontre qu'il en tombe 146 milliards par an. Il est vrai que la plupart ne pèsent que quelques grammes, ce qui produit une collision insignifiante et une augmentation imperceptible du volume terrestre ; mais il y en a d'autres qui pèsent beaucoup plus, jusqu'à 2 kilos, comme le bolide de Lesves tombé en 1896, ou, comme l'uranolithe de Zendigo, 5.360 kilos, ou enfin, comme la pierre Charcas, 780 tonnes.

Mais qu'est-ce que le système solaire dans l'univers ? Le système solaire dont la terre fait partie, occupe environ un espace de 7 milliards de lieues ; et ce n'est encore là peut-être qu'une limite provisoire. « Eh bien, dit M. l'abbé Constans (1), notre système solaire, avec tous ses mondes et ses dimensions inimaginables, n'est qu'une simple unité dans la quantité des mondes dont l'ensemble forme l'univers.

« ... Chaque étoile est le foyer d'un système semblable qui a, probablement comme le nôtre, ses planètes, ses satellites et ses comètes, décrivant autour d'elle des orbites immenses...

« Déjà des instruments puissants ont découvert le satellite de Sirius et l'on compte un millier de groupes où deux soleils tournent l'un à côté de l'autre. »

Et c'est le même langage que tiennent les astronomes de profession.

Laplace avait écrit dans son Exposition du système du monde, l. v, ch. vi : « Alors il s'est vu sur une planète presque imperceptible dans le système solaire, dont la vaste étendue n'est elle-même qu'un point insensible dans l'immensité de l'espace. »

Garcet avait donc raison de dire (2) : « Quelle que soit l'étendue du monde solaire, il n'est qu'un point insensible dans l'immensité de l'espace. Car, si le soleil exerce son influence à des distances qui dépassent un milliard de lieues ; s'il force à tourner autour de lui des corps comme Neptune et certaines comètes qui semblent, par leur éloignement, devoir se soustraire à son action ; par delà les limites de sa sphère d'attraction, à des distances que nous ne pouvons ni mesurer, ni concevoir, il existe des milliers d'étoiles visibles (il y en a 5.000 visibles à l'œil nu et le nombre total des étoiles dépasse certainement 48 millions), qui sont des soleils comme le nôtre, lumineux comme lui, aussi éloignés les uns des autres qu'ils le sont de nous, indépendants entre eux, comme il l'est lui-même de chacun d'eux, et qui peut-être sont les centres d'autant de mondes planétaires que nous sommes destinés à ne jamais connaître.

D'autres étoiles sont disséminées avec une telle profusion dans certaines régions du ciel, et leurs distances à la terre sont si considérables, qu'elles ne produisent sur nos yeux que l'impression d'une lumière pâle et laiteuse : ce sont elles qui constituent cette immense zone à laquelle on a donnée le nom de *voie lactée* (ou de chemin de Saint-Jacques, parce qu'à l'époque de la fête de ce saint, la voie lactée semble indiquer la route de Saint-Jacques de Compostelle) ; on les compte par millions, lorsqu'on les sépare à l'aide des télescopes.

Mais ce n'est pas tout encore ! Plus de 6.000 *nébuleuses*, sont dispersées dans toutes les directions ; quelques-unes d'entre elles se

(1) Abbé Constans, p. 17, 18. *Constitution scientifique de l'univers.*

(2) Garcet, *Cosmologie*, p. 319, 320, 321.

résolvent, comme la voie lactée, en amas d'étoiles ; presque toutes, constituées peut-être de la même manière, mais trop éloignées de nous, résistent au grossissement des plus puissantes lunettes, et n'offrent à nos yeux que de faibles nuages, blanchâtres, indécomposables : plusieurs nous présentent l'aspect d'anneaux circulaires, dont le centre est vide (C'est ce qui fait croire à plusieurs que des mondes nouveaux se forment, parce que les nébuleuses semblent s'unir, se séparer, se condenser à des distances incalculables)...

Chaque nébuleuse est une voie lactée, aussi riche en étoiles, aussi étendue que la nôtre et qui, vue du point extérieur où nous sommes placés, nous apparaît comme un anneau dont le diamètre apparent dépend de la distance qui nous en sépare...

Il faut plus de trois ans pour que la lumière émanée de l'étoile la plus voisine parvienne à notre œil ; il faudrait plusieurs siècles pour qu'elle traversât la voie lactée ; il lui faudrait sans doute des milliers d'années, pour aller d'une nébuleuse à une autre. Ainsi les rayons lumineux, ces courriers si rapides (ils parcourent 77.000 lieues par seconde, d'autres disent 300.000), ne nous apportent, suivant l'expression d'Arago, que l'histoire très ancienne de ces mondes éloignés. »

L'étoile polaire, une des plus intéressantes du ciel, est à 128 millions de lieues. Sa lumière est restée cinquante-cinq ans pour arriver jusqu'à nous. La Chèvre est à 170 trillions et 400 milliards de lieues. Elle met soixante-quatorze ans pour nous envoyer ses rayons lumineux.

Les dernières étoiles visibles mettent 2.700 ans à parcourir la distance qui les sépare de notre globe. Et les nébuleuses, vingt, cent, mille fois plus éloignées encore, mettent jusqu'à un million d'années pour nous éclairer, selon cette pensée d'Euler : « Il y a des étoiles dont la lumière peut avoir besoin d'un million d'années pour arriver à la terre. »

Et la grandeur des étoiles est aussi effrayante que leur distance à la terre. Certaines étoiles, selon les calculs d'Arago, auraient jusqu'à 9.000 millions de lieues de diamètre. Herschell donne à la Chèvre une masse qui serait 19.465.109 fois celle du soleil.

Et l'analyse spectrale découvre dans tous ces mondes innombrables, presque les mêmes éléments que dans le système planétaire.

Là s'arrête la science. Ici l'on est tenté de répéter, dans l'admiration, ces vers de Delille :

> « Ainsi ne trouvant plus de borne qui m'arrête,
> Des mondes sous mes pieds, des mondes sur ma tête,
> Je ne vois qu'un grand cercle, où se perd mon regard,
> Dont le centre est partout, et les bords nulle part. »

Est-ce tout ? Non. Le dernier mot sur l'étendue de l'univers, est dit par la philosophie et surtout par la philosophie chrétienne.

La philosophie va plus loin que la science positive, dont elle corrige souvent les écarts ou les indications vagues et obscures.

Elle seule, jusqu'à ce jour, a pu prouver l'existence de l'éther en démontrant sa nécessité comme canal de transmission de la lumière à travers les espaces intersidéraux. Et pendant que les sciences expérimentales se perdent en conjectures sur la nature de ce fluide, nous savons, grâce à la philosophie, que l'éther doit être des milliers de fois plus léger que l'air, beaucoup plus sensible et aussi moins réfracteur de la lumière. Cela console un peu de l'impuissance des sciences positives là-dessus, impuissance proclamée, dans un récent congrès par lord Salisbury, premier ministre de l'Angleterre.

Que dit encore la philosophie sur l'étendue de l'univers physique ? Elle ne voit aucun inconvénient à ce que le nombre des astres soit de beaucoup supérieur à celui qui résulte des calculs de l'astronomie. Et reculerait-on les bornes de l'univers beaucoup plus loin que les nébuleuses presque imperceptibles au télescope, ce ne sera pas la philosophie qui se plaindra de la grandeur du monde matériel. Dans tous les cas la philosophie chrétienne, bien loin d'y trouver à redire, ne voit dans cette prodigieuse étendue des œuvres de Dieu qu'une occasion nouvelle d'admirer et de louer la grandeur de cet Architecte de l'univers auquel Eiffel a porté naguère un toast, aux applaudissements des savants réunis sur sa tour monumentale.

Et c'est elle encore qui nous fixe sur deux points fort contestés parmi les savants : le *centre* de l'univers et les *limites* de cet univers. Parlons d'abord du point central.

Pour la philosophie chrétienne appuyée sur le principe d'harmonie qui ramène tout à l'unité, l'univers physique, comme l'indique le mot univers, *versus unum* (tourné vers l'un), possède un *centre* de gravité ou d'attraction unique, qui est le vrai pivot ou support de toute la matière. C'est autour de ce point central universel que graviteraient tous les mondes visibles ou invisibles composés de matière.

Les philosophes s'entendent assez pour admettre l'existence de ce centre commun d'où dérive tout mouvement. Il en est cependant qui supposent que l'univers poursuit une course folle et sans fin dans l'espace, sans aucun lien commun. Mais cet état permanent de désordre ne peut être admis qu'avec des restrictions et pour un temps, en supposant avec l'abbé Combalot (1) que le climat uniforme et tempéré dont la géologie constate les traces, a disparu avec l'innocence de nos premiers parents afin que la nature, faite pour le roi de la création, fût à l'unisson de l'homme coupable et dégradé : « En effet, dit-il, l'homme primitif étant la pierre angu-

____

(1) Abbé Combalot. *La connaissance de Jésus-Christ,* 4ᵉ édition, p. 388.

laire sur laquelle reposait le monde de la nature, et une détérioration fondamentale s'étant accomplie en lui, la nature entière a dû en subir les inévitables conséquences, et comme il est catholiquement certain que tout l'homme a été profané, corrompu, changé par le péché, nous pouvons en induire que la création tout entière a subi la même altération.

Il est donc à croire que le péché de l'homme a porté le trouble au sein du vaste système des mondes. La terre, où son crime a été commis, est devenue une terre maudite (la Bible nous l'assure), et, semblable à un homme ivre, elle s'en ira, à travers l'espace, dans des balancements soumis à une irrégularité monotone, d'où sortiront tous les maux de l'homme physique et toutes les révolutions d'ici-bas. La lumière ne conservera qu'une ombre de sa primitive splendeur. »

Mais ce désordre apparent durera tout au plus jusqu'à la résurrection générale des morts. Alors, comme l'écrit M. l'abbé Pin (1) « les sphères célestes rapprochées d'un centre unique, amenées à leur dernière perfection, appropriées aux corps glorifiés et aux âmes divinisées, deviendront le lieu du rendez-vous éternel, et de la société universelle avec Dieu ; à moins que, — et nous aimons mieux le croire, — au-dessus de cet univers du temps, l'Infini, l'Immense, le Tout-Puissant n'ait préparé à son Fils propre et à son fils adoptif (les anges et les hommes) un monde modèle, dont celui-ci ne serait qu'une esquisse et un essai, monde digne en tout de sa majesté, de sa paternité, de sa famille, de son propre repos divin.»

En dehors de cette hypothèse chrétienne, qui n'admet de centre commun que pour la fin des temps et qui, en attendant, ne voit que trouble et désordre dans l'univers armé pour venger un Dieu outragé, on peut dire que l'idée d'un point central a fait du chemin et qu'elle compte aujourd'hui une foule de partisans, malgré quelques divergences accidentelles de vue.

C'est ainsi que plusieurs placent le centre du monde dans la constellation d'Hercule, dans les Pléiades et en particulier dans Alcyon, comme le fait Nœdler. — Halley et Derham le placent dans un monde ultra-stellaire où Dieu serait le vrai lien de tous les corps comme un moteur immobile siégeant au centre de sa sphère d'action.

D'autres veulent non pas une masse gigantesque matérielle pour centre, mais bien un point idéal où aboutissent toutes les forces isolées ou combinées qui meuvent les astres : « Et je sentais, dit Flammarion, un lien invisible rattachant dans l'unité d'une seule création tous les univers et toutes les âmes. »

Le *Journal d'astronomie* expose lui aussi cette opinion en faveur d'un centre d'attraction. Mais il n'ose pas nommer ce centre par

____

(1) Abbé Pin. *Jésus-Christ dans le plan de la création*, p. 152.

son vrai nom. Il se contente de l'appeler l'Invisible, l'Infini. « Quant au soutien matériel du monde, y lisons-nous, il a disparu, remarque assez piquante, précisément avec la conquête de la mécanique qui proclame le triomphe de l'invisible. Le point fixe s'évanouit dans l'universelle pondération des pouvoirs, dans l'idéale harmonie des vibrations de l'éther ; plus on le cherche, moins on le trouve, et le dernier effort de notre pensée a pour dernier appui la suprême réalité : l'*Infini.* »

« Cet infini, que le *Journal d'astronomie* n'ose désigner sous son vrai nom, fait observer M. l'abbé Constans, nous l'appelons Dieu avec Képler, Galilée, Copernik, Herschell, Newton, Arago, Leverrier, et nous convenons qu'il est en effet le véritable lieu et le véritable lien de tous les êtres qu'il a créés, le centre réel et effectif de ces étoiles que sa toute-puissance a tirées du néant.»(Note p. 23).

Tout cela est vrai, conforme à la foi ; mais chacune de ces opinions a le tort d'être exclusive. Aussi le sentiment de saint Thomas, suivi de nos jours par Mgr Gay, est sans contredit le mieux fondé. Ni Dieu ni les purs esprits ne sont exclus ; mais le monde a de plus et présentement un vrai centre matériel.

Saint Thomas d'Aquin, à qui plusieurs attribuent même la connaissance de l'éther qu'il donne, sous le nom de *primum alterans*, comme cause de tous les phénomènes matériels par sa subtilité et son activité, saint Thomas d'Aquin voit le centre du monde physique dans ce ciel qu'on appelait de son temps le ciel empyrée ou lumineux et qui n'est autre que le séjour des élus et en particulier celui du Christ ressuscité.

Dans ce ciel se trouverait, depuis le commencement du monde, un principe d'énergie vitale et de causalité qui le rendrait le centre attractif de tout ce qui est créé.

Les raisons sur lesquelles s'appuie saint Thomas ne sont pas à dédaigner : ce sont des principes tirés de l'expérience. « En tout genre, dit-il, ce qu'il y a de premier (de plus noble) sert de règle à tout le genre. — Dieu gouverne les créatures inférieures par les créatures supérieures. »

Or, le ciel empyrée étant le plus noble des corps inorganiques pour être assorti à la gloire des anges ou des saints et surtout à la gloire du corps de Jésus-Christ, il doit, à cause de cela, contenir tous les autres corps célestes et faire sentir à tous les autres son influence tout en restant lui-même immobile par rapport aux autres, qui ne cesseront de se mouvoir qu'à la fin des temps.

Il est vrai que le docteur Angélique ne donne pas ses raisons comme absolument concluantes, mais bien comme des raisons de haute convenance ou tout au plus comme des preuves douées d'une nécessité morale (1).

(1) « Il est moralement nécessaire, dit-il, que tout dépende d'un monde unique. »

Mais c'est beaucoup que nous ayons des raisons de convenance là où la science se reconnaît absolument incompétente. Citons les propres paroles du prince des théologiens, qu'on pourrait appeler avec non moins de raison le prince des philosophes :

« Une raison plus convenable (de l'existence du ciel empyrée ou lumineux) peut se tirer de la condition même de la gloire. On attend en effet une double gloire qui sera donnée le jour de la rétribution future des récompenses : la gloire spirituelle et la gloire corporelle. Cette dernière n'investira pas seulement les corps humains glorifiés, mais encore l'univers entier, qui sera renouvelé.

Or, la gloire spirituelle a commencé dès les premiers jours du monde par la béatification des anges avec lesquels les saints, selon les promesses, seront sur le pied de l'égalité.

Donc il fut convenable que même dès le commencement du monde, la gloire corporelle rejaillît sur quelque corps comme dans des prémices. Il fut convenable que dès le début, ce corps fût exempt de la servitude de corruption et de changement, tout en restant entièrement lumineux : tel sera en effet l'état de toute la création après la résurrection générale. Voilà pourquoi on appelle ce ciel empyrée, c'est-à-dire igné, non pas à cause d'un feu qui le consumerait, mais à cause de la lumière qui le rend toujours et tout entier resplendissant de clarté (2). »

Plus loin, répondant à ceux qui excluent toute influence du ciel empyrée sur le monde inférieur sous prétexte que ce dernier n'a qu'une destination naturelle, tandis que le ciel des élus est destiné à un état surnaturel, le saint Docteur ne rejette pas cette opinion comme improbable, mais il a soin d'ajouter :

« Il nous paraît plus probable que, de même que les anges du suprême ordre qui assistent devant le trône de Dieu, exercent sans être envoyés eux-mêmes, leur influence sur les anges des ordres moyens et sur ceux de la dernière hiérarchie, qui sont envoyés en mission, ainsi le ciel empyrée exerce une influence sur les corps mis en mouvement, sans être mû lui-même. Et à cause de cela on peut dire qu'il communique au premier ciel qui est mis en mouvement, non pas quelque chose de transitoire et qui arrive par un mouvement, mais quelque chose de stable et de fixe (voilà bien le centre du monde) comme serait le pouvoir de contenir le monde ou d'agir sur lui comme cause, ou quelqu'autre privilège conforme à la dignité du lieu. »

C'est là, on le voit, plus qu'une hypothèse. Ce centre resplendissant semble être exigé par la gloire des anges qui l'habitent, par celle dont jouiront un jour les saints et surtout par l'état glorieux actuel du corps de Jésus-Christ. Celui-ci, très probablement, le jour de son Ascension, ne s'est arrêté que dans le ciel empyrée, après avoir

(1) Saint Thomas. Sum. theol. 1a p., q. LXVI, a. III ; ad 2um.

franchi toutes les régions innommées où se meuvent les soleils mobiles et immobiles. C'était la seule place digne de ce roi de l'univers, sous les pieds duquel Dieu a tout placé : *omnia subjecisti sub pedibus ejus*, et qui ne se fait que justice en occupant partout la première place : *in omnibus primatum tenens*..

C'est de là que, comme d'un centre universel, Jésus-Christ gouverne les mondes des corps et ceux des esprits, selon cette parole biblique : *Quand je serai élevé de terre, j'attirerai tout à moi*.

Cela n'empêche pas ce centre d'être aussi un sommet, comme l'explique dans une magnifique page Mgr Gay (1), en parlant de ce séjour de la paix et du repos.

« Nous n'avons, dit-il, aucune expérience de ces lieux supérieurs; mais réduits à la conjecture quand nous cherchons à en former l'idée dans nos esprits, nous sommes rationnellement conduits à en affirmer l'existence.

Votre corps, ô mon divin Maître, occupe donc maintenant un lieu déterminé, un lieu que je ne me figure pas, mais qui doit être comme la cime du monde. Et ce lieu, qui est votre place propre, il est créé pour vous ; vous seul pouvez l'atteindre (il pourrait donc se faire qu'il fût en dehors de ce monde visible, comme le croyait saint Basile avant Halley et Derham), et personne, hormis vous, n'est en état de le remplir. Quoiqu'il soit tout entier et d'avance en harmonie complète avec votre sainte gloire, je crois que ce qu'il a de plus glorieux vient de vous. Mais étant ce qu'il y a de plus élevé dans la Création, il doit être en même temps ce qui s'y trouve de plus intérieur. L'imagination est dépassée ici, car pour elle ce qui est au-dessus n'est jamais au dedans et ne saurait constituer un centre. L'esprit va plus loin qu'elle, et il est clair, à ses yeux, que le terme de votre ascension est le dernier intime des choses. Monter aux cieux, pour vous, ô adoré Jésus, c'est pénétrer, à titre de Pontife, dans le Saint des saints de l'univers. Ce Saint des saints est très assurément une créature, mais qui touche le Créateur, et d'aussi près que possible. On dirait le séjour personnel de Dieu dans son œuvre. »

Voilà jusqu'où s'étend, l'univers matériel pour la philosophie chrétienne. Elle découvre tout un monde nouveau que ni la science ni la philosophie séparée ne pouvaient soupçonner. Peu importe que ce monde lumineux et ce centre universel soient placés en dehors ou au sein des mondes visibles pour l'astronome. L'essentiel c'est qu'ils existent. Et ils existent quelque part, puisque leur réalité s'impose, étant donné le monde de la gloire, à laquelle doit participer toute créature matérielle.

Comme cela recule les bornes de l'univers !

(1) Mgr Gay. Élévations sur la vie et la doctrine de Notre-Seigneur Jésus-Christ, 2ᵉ édit., p. 246, 247.

Mais est-ce à dire pour cela que l'univers physique soit doué d'une véritable *immensité*, c'est-à-dire qu'il n'ait point de bornes ?

Non. L'infini en nombre actuel comme l'infini en grandeur ou étendue matérielle n'existe pas, ne peut pas exister. C'est encore la philosophie chrétienne qui le démontre, mais cette fois par des arguments irréfutables. Elle seule nous fixe irrévocablement dans la vérité en imposant des limites à l'univers.

En dehors de ses enseignements, les astronomes ou les philosophes, quand ils s'en sont occupés, ont presque tous donné à la matière une immensité qui est absurde, parce que les différentes parties de l'univers étant limitées par leurs surfaces, l'ensemble ne peut pas être d'une autre nature, sans limites, infini.

C'est pourtant à cette absurdité qu'ont abouti un des plus sages philosophes de l'antiquité, Anaxagore, et un des plus savants astronomes des temps modernes, Camille Flammarion.

Le premier, qui vivait cinq siècles avant Jésus-Christ, et qui, de tous les philosophes anciens est celui qui s'est le plus rapproché de la vérité, dit saint Thomas, sur la distinction de l'intelligence motrice d'avec ses œuvres, Anaxagore de Clazomène, admettait une matière sans bornes divisée en une infinité de parties semblables ou *homéoméries*.

Le second, expliquant, dans un élan d'enthousiasme poétique, la prière universelle des êtres au soleil couchant, parle de l'immensité des cieux, de l'infini, du ciel incommensurable : « A cet holocauste de la Terre, dit-il, s'unissaient dans ma pensée les attractions des mondes entre eux, non seulement celles qui rapprochent et éloignent tour à tour notre globe du foyer solaire ; mais encore les sympathies de toutes les étoiles gravitant dans l'immensité des cieux. La Terre devenait un atome flottant dans l'infini...

Et la prière immense du ciel incommensurable avait son écho, sa strophe, sa représentation visible dans celle de la vie terrestre qui vibrait autour de moi, dans le bruit de la mer, dans les parfums du rivage, dans la dernière note de l'oiseau des bois... »

A côté de ces partisans de l'univers infini il y a d'autres philosophes qui, à la suite de Démocrite, des Stoïciens, de Descartes et de Leibnitz, attribuent à l'univers une étendue indéfinie...

Mais ce serait vouloir se payer de mots que de confondre l'infini avec l'indéfini, qui renferme dans son concept celui de limites réelles, tandis que l'infini exclut toute limite.

Il est vrai que l'homme ne peut déterminer avec précision les limites de l'indéfini ; mais cela n'empêche pas qu'elles existent. Ce n'est pas en reculant démesurément les bornes qu'on les supprime. Tout ce qu'on ajoute de plus au fini est l'œuvre de l'imagination et rentre dans l'ordre des possibles. Mais l'ordre idéal n'est pas celui de la réalité, à moins qu'on ne veuille confondre le possible avec le réel.

Ainsi il n'est pas possible de s'entendre avec Leibnitz quand il admet un nombre infini en acte dans la matière et même dans chaque partie de la matière.

Mais si on admettait que Dieu peut sans cesse augmenter le nombre et la dimension des corps existant dans la nature, quoique ce nombre et cette dimension restent toujours enfermés dans des limites déterminées, alors nous n'aurions plus aucune raison de chercher querelle à ces philosophes ; car ils seraient avec nous et marcheraient à la suite de saint Thomas et des philosophes catholiques qui marchent eux-mêmes au pas d'Aristote. Ce dernier, dans sa Physique (iii, c. 5), a démontré que tout corps ayant ses dimensions et tout nombre étant mesuré par l'unité, il ne peut pas y avoir de nombre ni de corps infinis réels.

Voici comment saint Thomas (1) interprète sur cette question le philosophe grec, qui a réfuté victorieusement Anaxagore et Anaximène, lequel, d'après Cicéron, croyait l'air immense, infini et toujours en mouvement.

« Nous ne prenons pas, dit-il contre Avicenne (en parlant de Dieu), le terme d'infini dans le sens de privation, comme on le fait pour la quantité dimensive ou pour la quantité numérique, qui, par elles-mêmes doivent avoir une fin...

« Il est impossible, ajoute-t-il en parlant du nombre, qu'un nombre actuel soit infini par lui-même (c'est celui qui est nécessaire) ou accidentellement ; mais un nombre infini en puissance est possible. »

Et il le prouve pour le nombre infini nécessaire en disant qu'un tel nombre « exigerait qu'une chose dépendît d'une infinité de causes, ce qui ferait que l'effet ne serait jamais produit, puisque des choses infinies ne peuvent jamais passer. »

Quant à un nombre qui serait accidentellement infini, il ne répugne pas moins.

« C'est impossible, dit-il, parce que toute multitude doit se trouver dans quelque espèce de multitude ; et ces espèces suivent celles des nombres. Or, aucune espèce de nombre n'est infinie, parce que tout nombre est une multitude mesurée par l'unité...

Mais un nombre infini en puissance est possible, parce que l'augmentation de la multitude suit la division de l'étendue qui est divisible à l'infini (ce qui sera prouvé plus loin). »

Voilà pour la quantité numérique ou discrète, pour le nombre en un mot. Il n'y a pas un nombre infini de corps célestes, mais leur nombre prodigieux actuel pourrait croître encore et sans cesse sans aucun inconvénient. Tel est *l'enseignement* de la philosophie catholique.

(1) S. Thom., Contr. Gent., l. i. c. xliii ; Sum. theol. 1a pars. q. vii, a. iii et iv ; 3a pars. q. vii, a. xii, ad 1um.

Mais existe-t-il un corps ou un agrégat de corps infini en acte par sa masse ? Un tel infini continu peut-il du moins exister ?

A ces deux questions la philosophie de saint Thomas donne encore une réponse définitive et négative, dictée par le bon sens comme celle qu'elle a donnée sur le nombre infini des corps.

Ce n'est pas en ajoutant le fini au fini qu'on peut arriver à obtenir, comme le croyait Lockes, l'infini en grandeur, l'immensité. Mais laissons la parole à l'Ange de l'école : « Quoique l'infini ne répugne pas à l'essence de la grandeur en général, il répugne à l'essence de chacune des espèces de grandeur, par exemple à celle de deux, de trois coudées, à la circulaire, à la triangulaire, etc. Il n'est donc pas possible qu'il y ait quelque grandeur infinie, puisqu'aucune espèce de grandeur n'est infinie. »

Et saint Thomas a soin de faire remarquer que cela est vrai des corps naturels, c'est-à-dire des corps pris avec leur forme et leur matière, comme des corps mathématiques, c'est-à dire des corps dans lesquels on ne considère que l'étendue, abstraction faite de toute qualité sensible.

« Il est clair, dit-il, qu'un corps naturel ne peut être infini en acte ; car tout corps naturel a une forme substantielle déterminée ; et une telle forme est accompagnée d'accidents déterminées au nombre desquels se trouve la quantité. Donc tout corps naturel a une quantité déterminée en plus ou en moins. Un corps naturel ne peut donc pas être infini. »

Le corps mathématique n'est pas davantage exempt de limites.

« Dès qu'on le suppose actuel, dit saint Thomas, on est obligé de l'imaginer sous une forme (accidentelle), aucun être n'existant en acte que par sa forme. Or, la forme de l'étendue en tant qu'étendue est une figure (la rondeur ou le cube, etc.)... Donc cette étendue doit avoir une figure et par conséquent une limite ; car toute figure est enfermée dans des bornes. »

Remarquons avec lui que l'étendue eucharistique est plus que l'étendue mathématique : elle a des qualités sensibles.

Si on ne prend pas l'étendue sous telle ou telle forme déterminée mais avec ses trois dimensions, ce qu'on appelle vulgairement un corps, alors il n'y a pas d'inconvénient à supposer que cette étendue mathématique peut toujours augmenter par l'addition d'une quantité que Dieu reste toujours libre et capable de créer.

« Dieu pourrait aussi, dit saint Thomas (1), augmenter la quantité corporelle, en ajoutant une grandeur qui n'existait pas mais qui serait créée en ce moment. » Et il peut le faire indéfiniment.

« Il faut répondre, ajoute-t-il en un autre endroit, que si nous parlons des quantités mathématiques, on peut augmenter toute

____

(1) S. Thom. Sum. théol. 2, 2a, q. xxiv, a. v. — Ibid, 1a p. et 3a (Voir plus haut).

quantité finie ; parce que, du côté de la quantité, rien ne s'oppose à l'addition. Mais si nous parlons de la quantité naturelle (celle qui existe réellement dans tel ou tel corps), alors il peut y avoir de la répugnance de la part de la forme, qui exige une quantité déterminée de même qu'elle demande d'autres accidents déterminés... Le terme de la quantité est pour ainsi dire sa forme, ce qu'indique la figure. Donc l'infini qui convient à la quantité est un infini venant de la matière... Tandis que par l'augmentation on se rapproche du tout, qui représente la forme. On ne trouve donc pas l'infini dans l'augmentation de la grandeur, mais seulement dans sa division. »

Ainsi, pourvu qu'en reculant les figures de la quantité, on lui en laisse une, les dimensions peuvent grandir jusqu'à l'infini, si on fait abstraction de toute qualité sensible et de telle ou telle forme en particulier. Mais ce n'est là que l'infini en puissance.

L'univers physique est donc certainement limité en fait, quelle que soit sa prodigieuse étendue ; mais il peut grandir encore indéfiniment tout en restant toujours fini : c'est l'infini en puissance.

Voilà la première signification de ces mots : étendue de l'univers, qu'il s'agisse du nombre des astres ou de leur grandeur.

Passons à la seconde. Qu'est-ce que l'étendue d'un corps pour le vulgaire, sinon une propriété en vertu de laquelle ces différentes parties d'un corps sont placées l'une en dehors de l'autre et forment un tout continu ? Est-ce bien là l'idée que doit se faire la science des dimensions des corps ?

C'est ce que nous allons examiner.

Extension ou dimension d'un corps.

Un corps est doué de trois dimensions ; longueur, largeur, hauteur. Mais les savants sont loin de s'entendre sur l'essence de la quantité continue, dont les parties sont reliées par une limite, tandis que la quantité discrète ou le nombre a toujours ses parties séparées.

Enumérons les principales théories pour nous arrêter à celle de saint Thomas d'Aquin, qui est sans contredit la plus profonde et la plus sensée.

Nous ne voulons pas parler de l'idéalisme des Ravaisson, des Lachelier et autres philosophes contemporains, qui voudraient expliquer l'étendue et par suite la matière par la pensée. Nous avons suffisamment réfuté l'idéalisme : il confond deux ordres très distincts : celui des corps et celui des esprits.

Qu'est-ce donc que l'étendue d'un corps ?

C'est d'abord quelque chose d'éminemment objectif indépendamment des esprits ou des sens. A part une poignée d'idéalistes et de sceptiques universels, tous les philosophes sont unanimes à rejeter l'opinion de Boscovich et de Fichte qui ne regardent l'étendue que comme une apparence.

Presque tous voient dans cette propriété la première et la plus fondamentale de toutes les propriétés physiques des corps. Et ils souscrivent en grande majorité à ces paroles de Balmès (1). « Supprimons l'étendue l'univers ne résiste pas à cette épreuve. Les globes gigantesques qui peuplent l'éther disparaissent, la terre se dérobe sous nos pieds ; c'en est fait du mouvement, de la distance. Notre propre corps s'évanouit. Le monde se fond pour ainsi dire et sombre dans le néant. »

L'éther lui-même est étendu, car la philosophie condamne l'action à distance, le vide absolu.

De plus, d'après la philosophie de saint Thomas, l'étendue n'est pas, comme l'a cru Descartes, la substance ou essence des corps, mais bien quelque chose d'accessoire, puisqu'elle est susceptible d'augmentation ou de diminution et que l'essence est immuable : l'essence de l'eau est tout entière dans une goutte d'eau et pourtant il y a beaucoup plus d'eau dans l'Océan. L'étendue continue donc sous ses dimensions la substance des corps par ses parties permanentes.

Et puis l'étendue joue encore le rôle de principe d'individuation, c'est la quantité dimensive qui fait qu'un corps est tel individu : non pas tel autre, telle pierre et non telle autre de la même espèce et du même genre. Contre Suarez qui admet un principe d'individuation commun aux anges et aux êtres matériels qui n'ont pourtant de commun que l'être créé, saint Thomas (2) établit que « la quantité dimensive est un principe d'individualité. Car il est de l'essence de l'individu de ne pouvoir exister dans plusieurs sujets. Or, un être est fait pour exister en lui seul dès qu'il n'est pas divisé en lui-même et qu'il est séparé des autres êtres. Mais la division a lieu dans une substance à cause de la quantité, comme dit le philosophe (I Physic.). Et par conséquent la quantité dimensive est un principe d'individuation dans ces formes en tant que des formes différentes par le nombre se trouvent dans différentes parties de la matière. De là vient que la quantité dimensive a par elle-même une certaine individualité... ayant une position.

Mais en quoi consiste l'essence de la dimension ? Laissons les limites du continu qui sont des modes réels unissant les parties du continu dont elles font partie selon saint Thomas et M. Farges contre Ockain qui n'y voyait qu'une imagination.

Pour quelques-uns comme Descartes et son école, le continu c'est l'étendue des parties relativement au lieu ou locale ou encore externe. Pour d'autres comme Goudin et Farges, c'est l'extension interne ou radicale ou en puissance des parties l'une par rapport à l'autre : ainsi la tête est hors du cou. On peut l'admettre pour sau-

<hr>

(1) Balmès, Philos. fondam. 1 p. III. c. 6.
(2) S. Th. Sum. Theol. 3a. p. 9. LXXVII. a. II.

ver la continuité ou l'unité des parties. Mais toute extension suppose préalablement la pluralité des parties, leur divisibilité d'où elles découlent. Donc il faut de plus admettre avec saint Thomas (1) et Aristote que « l'essence de la quantité prise en général consiste dans une certaine divisibilité. La division précède la multitude.

Voilà pour l'étendue de l'univers physique.

(1) S. Th. In Sent. dist. 19. q. 1. a. 1:. qq. disp. Pot. q. 9. a.7. 15um.

Arras : Imprimerie SUEUR-CHARRUEY, rue des Balances, 10.